KB164004

청소년들의 진로와 직업 탐색을 위한
잡프러포즈 시리즈 52

상상이 현실로 되는
메타버스전문가

이 책의 저작권은 저자와 출판사에 있습니다.
서면에 의한 저자와 출판사의 허락 없이 책의 전부 또는 일부 내용을 사용할 수 없습니다.

청소년들의 진로와 직업 탐색을 위한 잡프러포즈 시리즈 52

상상이 현실로 되는 메타버스전문가

안동욱 지음

메타버스를 통한 기술적 인문적 사회통합을 이루고
나아가 지식과 정보가 모두에게 고르게 공유되는
세상을 만드는 기업인이 되자.

– 메타버스전문가 안동욱 –

흔히 사람들은 기회를 기다리고 있지만
기회는 기다리는 사람에게 잡히지 않는 법이다.
우리는 기회를 기다리는 사람이 되기 전에
기회를 얻을 수 있는 실력을 갖춰야 한다.

- 안창호, 1878~1938 -

C·O·N·T·E·N·T·S

C·O·N·T·E·N·T·S

메타버스전문가 안동욱의 프러포즈

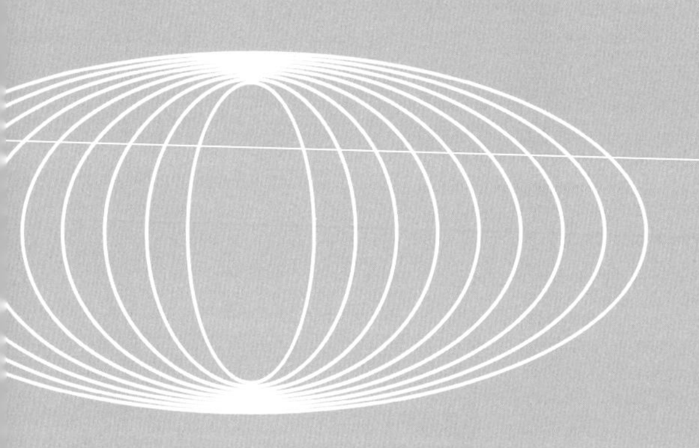

META
VERSE

PROPOSE

안녕하세요, 청소년 여러분!

저는 메타버스전문가 안동욱입니다.

여러분은 상상력이 가장 많은 시기를 경험하고 있고, 그 상상을 실현하는 과정에서 개성 넘치는 각자의 매력을 발견하게 되겠죠. 그 과정이 짧을 수도 있고 길 수도 있지만 반드시 나에게 맞는 행복한 미래를 설계하세요. 그걸 즐기면서 살아갈 수 있는 인재로 성장하는데 이 책이 조금이나마 도움이 되었으면 합니다.

최근 영화와 드라마에서 많이 활용되고 있는 세계관이 있습니다. 대표적으로 멀티버스를 주제로 한 마블 영화들이죠. 세상에는 과연 우리 인류만 존재할까? 이 넓은 우주에 다른 생명체는 없는 걸까? 그렇다면 우주는 유일한가? 등등. 이러한 무한 상상은 과연 우리가 존재하는 것은 현실일까라는 의구심도 만들어 냅니다. 재미있는 생각이면서 무섭기도 하죠? 메타버스는 미디어를 통해서 다양한 상상과 세계관을 기획할 수 있는 기회를 제공합니다. 아마도 여러분들이 좋아하는 게임의 세계와 매우 닮아 있어서 이 책을 읽으며 각자 즐기는 게임의 세계를 비교하면 더욱 흥미로울 것입니다.

요사이 매우 흥미로운 단어가 된 '메타버스'는 이젠 세계 경제를 뒤흔들고 있습니다. 전 세계 최대 소셜미디어 기업인 페이스북은 2021년 기업명을 메타로 바꾸면서까지 메타버스 사업에 본격적으로 뛰어들었죠. 이러한 신호탄은 여러분들의 미래 먹거리와 일자리 등에 큰 영향을 미칠 것이 분명합니다.

지금 세계적으로는 대한민국 열풍이 불고 있습니다. K-Pop, K-영화, K-드라마 등 문화 콘텐츠 강국으로 거듭나고 있고, 이 현상으로 한동안 대한민국은 최고의 미디어 생산 및 소비국으로 전 세계를 이끄는 리더가 될 것입니다. 메타버스는 이러한 미디어를 생산하고 소비하면서 현실 세계의 경제 활동에 적극 참여하게 만들어 냅니다. 엄청난 기회가 우리나라에 찾아온 것이죠.

메타버스로 인해 다양한 직업군이 생길 것입니다. 게임이나 새로운 미디어에 익숙한 여러분은 메타버스가 만들어갈 미래 세계의 주인공이 될 수 있습니다. 마음껏 상상을 즐기고 재미난 이야기를 기획하고 이걸 플랫폼으로 설계해서 다양한 사람들과 즐길 수 있는 메타버스전문가로 거듭나기를 바라며 여러분을 기다리고 있겠습니다.

편 - 토크쇼 편집자

안 - 메타버스전문가 안동욱

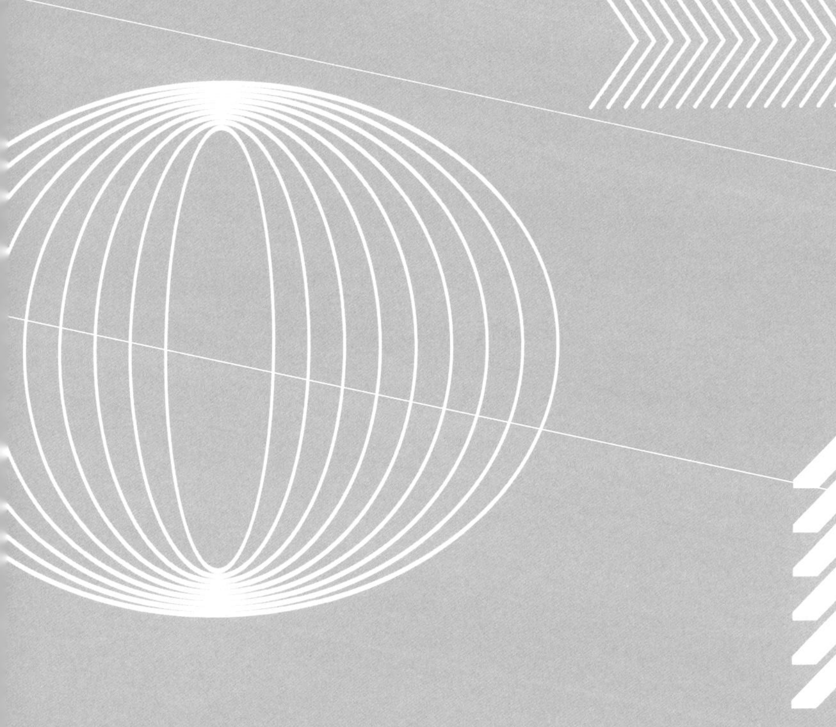

META
VERSE

편 안동욱 대표님 안녕하세요? 잡프러포즈 시리즈에 함께해 주셔서 감사합니다. 소개를 부탁드립니다.

안 청소년들과 소통할 수 있는 기회를 주셔서 감사드립니다. 최신 기술을 청소년 여러분들의 눈높이에 맞추어 설명하는 것이 다소 생소했지만, 제가 하는 분야를 좀 더 쉽게 공유하는 방법에 대해 고민하게 된 소중한 기회였습니다. 저는 벤처 개발자로 시작해서 다양한 IT 솔루션을 기획하고 세상에 알리는 일을 하고 있습니다. 빅데이터와 인공지능 분야의 선두 기업으로 ㈜미소정보기술을 성장시켜왔고, 최근에는 메타버스를 활용한 보물찾기 게임을 출시할 계획입니다.

편 대표님은 회사 경영과 메타버스 프로그램 개발, 대학 강의까지 여러 가지를 병행하는 거로 들었습니다. 정신이 없으실 텐데, 청소년들을 위한 잡프러포즈 시리즈의 출간 제의를 수락해 주셨어요. 어떤 마음이셨나요?

안 저의 청소년기를 상상해 보면, 그때가 지금의 저로 성장하는데 있어서 가장 많은 영향을 미치고 있다고 생각합니다. 중요한 시기임에도 미래에 대한 정보가 가장 부족했던 시기였던 것 같아요. 선배들의 현장 경험과 원하는 일에 대한 인문적인 매뉴얼이 충분히 제공되어서 좀 더 일찍 적성을 찾고, 하고 싶은 일에 대해 준비할 수 있는 시간이 많아지면 좋겠다고 생각했습니다. 특히 메타버스 분야는 제페토ZEPETO나 로블록스Roblox 같은 플랫폼을 적극 사용하는 지금 청소년들에게 더 친숙한데요, 거꾸로 잘 이해하지 못하는 기성세대들이 비즈니스를 시도하다 보니 시행착오가 많습니다. 그래서 더욱 청소년들에게 메타버스를 알리고 싶었고, 이 책을 통해서 대한민국의 미래 주인공이 탄생할 수도 있겠다는 상상도 해보았죠. 부디 구글, 페이스북, 아마존, 마이크로소프트 등을 능가하는 메타버스 글로벌 기업을 10년 뒤 만들어주세요.

편 이미 청소년들은 메타버스에서 정신없이 놀고 있어요. 사용자로서 바라보는 메타버스와 직업인으로서 바라보는 메타버스는 어떻게 다른가요?

안 정신없이 놀고 있다고 표현하셨는데 맞는 표현 같아요. 일단 그 판에서 노는 것부터가 시작이고 때론 정신없이 몰입도 해봐야 재미를 느끼니까요. 저는 새로운 미디어에 빠르고 효과적으로 적응하는 힘이 대한민국 국민, 특히 청소년들에게 있다고 생각해요. 이건 매우 중요한 장점이고 몰입해서 사용하고 놀아봐야지만 사용자에서 개발자 또는 기획자가 될 수 있거든요. 메타버스는 가상과 현실이 교차되어 그 경계를 없애는 서비스입니다. 그렇다 보니 게임처럼 어떤 미션을 해결하거나 대결하는 형태의 진행보다는 그 안에서 직접 참여하면서 내가 시나리오를 만들어가는 방식으로 진행이 될 거예요. 이걸 잘 이해하고 스토리텔링을 잘할 수 있는 사용자가 되었으면 좋겠어요. 이러한 플랫폼을 만드는 직업인이 되기 위해서는 기획이 중요해요. 결국 메타버스는 세상에서 벌어지고 있는 일들을 가상으로 옮기는 일련의 작업이기 때문이죠. 기술적인 준비도 필요하지만 세상을 이해하고 이를 기획에 담을 수 있는 인문적인 지식도 상당히 중요합니다.

편 메타버스는 IT 관련 학과를 졸업해야 진로로 정할 수 있는 분야일 것 같아요. 이 직업은 공대를 졸업한 학생들이 진출하기 쉬운 분야인가요? 수학과 과학을 좋아하지 않으면 이 직업이 맞지 않을까요?

안 위 질문에 답변한 것처럼 메타버스를 구현하기 위해서는 세상을 이해하는 힘이 필요합니다. 여기서 전체적인 시나리오가 나오고 비즈니스가 설계되는데, 이때부터 IT 관련 기술자와 각종 게임 요소를 만들어내는 개발자, 그래픽디자인전문가 등과 협업을 하게 되죠. 전체적인 리딩은 전공과 상관없이 기획 및 설계자가 하거든요. 그래서 메타버스전문가가 되기 위해서 반드시 IT 또는 수학, 과학 등 공대를 졸업해야만 하는 것은 아니에요. 본인 적성에 맞는 메타버스 직업군을 선택하면 돼요. 그래픽디자이너를 하다가 게임 개발을 배워서 양쪽 모두 병행해도 되고, 경험이 쌓이면 멋진 메타버스 서비스를 기획해서 직접 플랫폼을 구축하는 기업의 CEO가 될 수도 있어요.

편 저는 메타버스에 대해 관심이 별로 없었는데, 이런 제가 메타버스에 대해 알게 된다면 어떤 변화가 생길까요?

안 지금 편집자님이 갖고 있는 미래 가치보다 수십 배는 더 갖게 되는 놀라운 기적이 벌어지지 않을까요? 과장일 수도 있지만 정말 그럴 수도 있는 것이 메타버스로 뭔가는 해야 하고 그 움직임이 심상치 않습니다. 이건 기회가 쏟아진다는 것인데, 솔직히 아직은 준비된 전문가가 부족한 것이 현실이에요. 다만 알게 된 것에 멈추지 말고 더 많이 경험하고 공부해서 편집자님의 글 쓰는 능력을 메타버스 시나리오 개발에 적용하면 멋진 메타버스 작가가 될 거라 확신합니다. 일단 저희가 올해 출시하는 메타버스 보물찾기부터 활용하시고 더 나은 시나리오를 계속 제안해 주시면 많은 도움이 될 것 같아요.

편 대표님께서는 중학생 자녀를 둔 아빠라고 들었습니다. 이 책을 읽게 될 자녀들과 또래의 많은 청소년들에게 한 말씀해 주세요.

안 사실 이 글을 쓰게 된 것도 아들 때문인데요. 아빠가 회사에서 무슨 일을 하는지 잘 모르거든요. 대화를 더 많이 해야겠다고 생각하고 있었는데, 이 책에 대한 제안이 들어왔을 때 아들과 좀 더 소통할 수 있겠다고 생각했죠. 더불어 우리 아들이 이 글을 통해서 메타버스전문가가 되겠다고 하면 적극적으로 지원해 주려고 합니다. 많은 청소년들이 어른과의 소통에 불편함을 겪을 거예요. 하지만 최근 세대 간의 격차가 많이 줄어들고 있고, 우리 또래의 문화를 소환하는 일들이 지금 청소년들에게 유행처럼 번지고 있죠. 저 또한 최대한 친근하게 소통하고 싶고 친구처럼 여러분들과 글로나마 만나고 싶어요. 쉽고 편하게 읽었는데 메타버스 정보를 알차게 얻고 더불어 미래 계획을 준비하는 데 도움이 되는 게 저의 바람입니다.

편 가상과 현실을 오고 갈 준비가 되셨나요? 지금부터 잡프러포즈 시리즈 『상상이 현실로 되는 메타버스전문가』편을 시작하겠습니다.

메타버스란

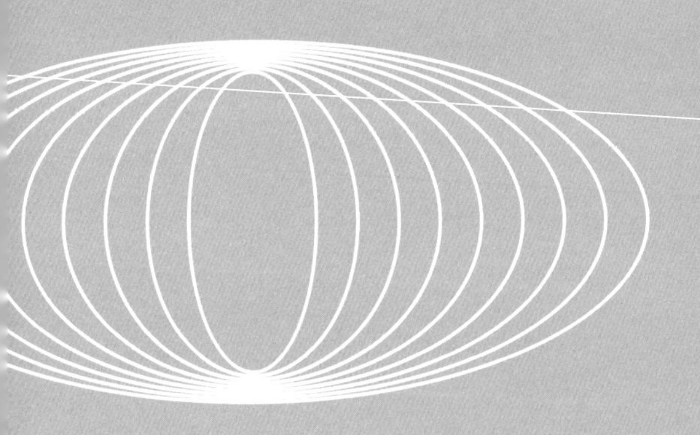

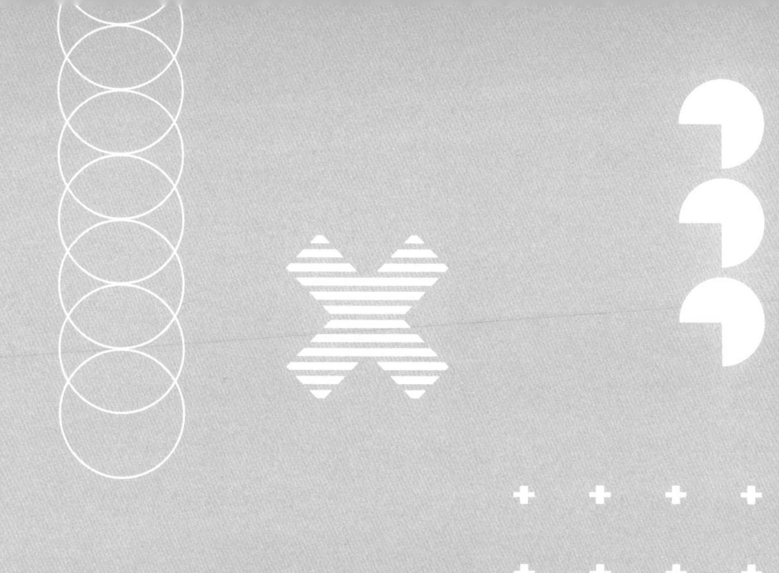

META
VERSE

메타버스란 무엇인가요?

편 이 책을 읽는 학생들은 이미 메타버스 세계가 친숙하고 그 안에서 신나게 놀고 있어요. 그런데 어른들은 이제야 '메타버스란 무엇인가?'에 대해서 교육하니까, 애들이 '저는 안 궁금한데요.'라는 표정으로 앉아 있다는 말을 들었어요.

안 아이들이 메타버스를 하고 있느냐 아니냐보다 메타버스를 미래 직업으로 어떻게 보고 준비해야 하는가가 우리들의 대화 주제인 것 같아요. 이론적인 설명은 의미 없다고 생각해요. 아이들은 이미 게임을 신나게 하고 있는데 선생님이 게임에 대해서 이론적으로 설명하는 것과 똑같은 상황이죠. 차라리 너희들이 지금 하는 게임은 이런 과정으로 만들어지는 거고, 적성에 따라서 게임 기획자나 개발자가 될 수 있다는 가이드를 주면서 아이들이 '나도 이 분야에서 종사하고 싶다.'라는 미래 목표를 찾게 해주면 되는 거 같아요.

편 메타버스Metaverse란 무엇인가요?

안 메타버스는 가상·초월Meta과 세계·우주Universe의 합성어로 3차원 가상 세계를 뜻해요. 인간 삶의 전반적 측면에서 현실과 비현실 모두 공존할 수 있는 가상 세계라는 의미인데, 게임의 형태로 이런 메타버스가 최근 활용되면서 신드롬을 일으키고 있지요. 전 세계 이용자가 1억 5,000만 명, 미국 만 9~12세 어린이의 3분의 2, 16세 이하 어린이·청소년의 3분의 1이 플레이를 하고 있다고 해요. 2014년 설립된 로블록스는 이용자들이 레고처럼 생긴 아바타가 돼 가상 세계에서 활동하는 게임으로 대표적인 메타버스 사례예요. 다른 이용자와 함께 테마파크 건설 및 운영, 애완동물 입양, 스쿠버 다이빙, 슈퍼히어로 경험 등을 해볼 수 있죠. 지난해 코로나19 사태로 등교를 못 하게 된 미국 초등학생들이 다른 아이들과 소통할 수 있는 통로로 크게 인기를 얻었어요. 메타버스는 없던 것에서 새로운 게 탄생한 기술이나 산업 트렌드는 아니에요. 그동안 조금씩 접해오던 기술이 발전하고 트렌드가 바뀌고 소비 스타일이나 라이프 스타일이 바뀌면서 더 부각되었고, 그것이 산업 전반에 영향을 미치다 보니까 새로운 산업으로 하나의 정의가 된 거죠. '게임인 것 같기도 하고, 아닌 것 같기도 한 이 플랫폼은 도대체 뭘까?' 이걸 메타버스라고 이름 지은 거예요. 메타버스를 실제 사용하는 입장에서 바라보면 게임이랑 거의 유사해요.

메타버스라는 용어는 언제 처음 등장했나요?

편 메타버스라는 용어는 언제 처음 등장했나요?

안 닐 스티븐슨Neal Stephenson이라는 작가가 쓴 『스노우 크래쉬Snow Crash』라는 소설에서 처음으로 메타버스라는 용어가 나왔어요. 현실 세계에서 피자 배달원으로 일하는 주인공이 메타버스 안에서 악당들을 무찌르며 최고의 전사로 활약하는 SF 영화 같은 이야기죠. 메타버스 세계관을 스토리텔링한 소설류는 굉장히 많아요. 최근에 스티븐 스필버그Steven Spielberg 감독의 〈레디 플레이어 원Ready

출처: YES24

 닐 스티븐슨의 『스노우 크래쉬』 (1992)

Player One〉이라는 영화를 봐도 주인공이 고글처럼 생긴 VR 장치를 쓰고 가상의 공간에 들어가면 자신이 아닌 새로운 캐릭터가 게임도 하고 미션을 해결하면서 우승자가 돼요. 그게 하나의 세계예요. 가상에서는 조그마한 아이였는데, 현실에서 만났더니 흑인 여자인 경우도 있고 완전히 다른 세상인 거죠. 가상의 세상에서 캐릭터를 통해 살아가는 삶이 이제는 실제 삶인 것처럼 느껴지는 세상이 온 거예요. 메타버스 세계관은 영화나 소설에서 오래전부터 다루어지고 있었어요. 단지 메타버스라는 말을 처음 사용한 작품이 『스노우 크래시』라는 소설인 거죠.

영화 〈레디 플레이어 원〉 (2018) 출처: Warner Bros. 공식 홈페이지

게임도 메타버스로 볼 수 있나요?

편 사람들은 이미 리니지 같은 게임에서도 아이템이나 화폐 거래를 했어요. 그 화폐를 현금으로 구입하기도 하고, 또 현금화하기도 했고요. 게임도 메타버스로 볼 수 있나요?

안 지금 학계와 산업계에서는 메타버스를 플랫폼 비즈니스로 많이 얘기하고 있어요. 플랫폼 입장에서 바라본다면 온라인 게임은 그 게임 요소가 더 확장된 플랫폼이어야 메타버스가 된다는 전제를 내세우죠. 그런데 저는 확장성 있게 생각할 필요가 있다고 봐요. 넓게 보는 분들은 온라인 게임이나, 포켓몬 고Pokémon GO, 페이스북까지도 모두 메타버스라고 보거든요. 저는 후자의 의견에 동의하고요. 하지만 현시점에서는 메타버스의 정의가 명확하게 내려진 상황이 아니기 때문에 누구의 의견이 맞다, 틀렸다고는 할 수 없어요. 그 논리를 어떻게 만들어가느냐, 시장이 어떻게 움직이느냐에 따라서 계속 변화하며 자리를 잡을 것 같아요.

예전의 온라인 게임과 지금 메타버스의 차이점이라면, 게임은 오프라인에서의 활동이나 생활에 연관되어 있지 않아요. 게임은 게임으로 끝나거든요. 그런데 메타버스는 오프라인의 삶이 결합된

로블록스, 리니지W, 제페토 리니지W 출처: NCSOFT 공식 블로그

경제 활동이나 커뮤니티, 교육 활동, 의료 서비스가 다 연결돼요. 메타버스 안에서 활동한 데이터가 축적되어서 오프라인에서도 활용되는 등 서로 영향을 미치게 되는 거죠. 이 안에서 이루어지는 교육이 오프라인에서도 교육 효과를 발휘하고, 생활에 반영이 되고, 건강이나 산업에 영향을 미치는 거예요. 이런 식의 결합이 기존 온라인 게임과 메타버스의 큰 차이점이죠.

편 게임 개발자들이 그대로 메타버스 개발자가 되는 거네요. 직업이 넓게 확장된 거 같아요.

안 젊은 친구들이나 중고등학생들은 게임 개발자라고 하면 선망의 대상으로 보지만, 정말 잘 된 사례들만 봐서 그런 거예요. 네다섯 명이 모여 급여도 못 받으면서 치열한 경쟁 속에 고생하는 분들도 많거든요. 그런데 메타버스는 카테고리가 넓어서 게임뿐만 아니라 의료, 교육, 관광, 통신, 금융까지 대기업들이 메타버스에 뛰어들고 있어요. 그래서 게임 개발 회사에 대한 인수 전쟁이 벌어진 거죠. 다섯 명의 연 매출 5억 원도 안 되던 회사를 대기업에서 50억에 인수하기도 해요. 지금은 개발자가 절대적으로 부족하거든요. 저희도 지금 개발자를 계속 구하고 있는데, 쉽지 않네요. 이런 시장의 흐름을 봤을 때, 좋은 기회가 많고 직업 전망도 좋아요. 학생들은 이미 가까이 접하고 있는 분야이기도 하니까 많이 도전하고 꿈을 키웠으면 좋겠어요.

메타버스는 일종의 인터넷 혁명인가요?

편 메타버스는 일종의 인터넷 혁명인가요?

안 처음에 '웹'이라는 게 나올 때를 생각해 보죠. 컴퓨터에 주소만 입력하면 해당 사이트로 이동이 되고, 그게 발전하면서 그 페이지에서 쇼핑도 할 수 있게 됐죠. 거기에 몇 개의 기술을 더했더니 금융이 가능하게 됐고요. 이런 식으로 계속 확장되는 거예요. 메타버스를 혁명이라고 얘기하지만 Web 3.0, 4.0의 경계 안에 동시에 존재하고 있어요. Web 3.0을 간단히 말하면 웹의 개인화를 의미해요. 보안 기술의 발달로 데이터의 완벽한 보안이 이루어지고, 이는 더 이상 개인의 데이터를 다른 중개인(Naver, Google, Apple 등)에게 의존하지 않고 내 뜻대로 활용할 수 있죠. 여기서 더 나아가면 Web 4.0이에요. 사실 Web 4.0은 아직 대중적으로 많이 쓰이는 말은 아니에요. 다가오고는 있지만 상용화 단계는 아니거든요. 그럼에도 불구하고 여기까지 간다면 웹과 인간이 대화할 수 있어요. 즉 컴퓨터가 사람이 되는 시대를 뜻하죠. 이 정도 수준이면 혁명이라고도 볼 수 있겠네요. 돌이켜 생각해 보면 Web 1.0이 처음 나왔을 때, 굉장히 신기했지만 지금은 이미 우리 생활 속에 다 들어와 있잖

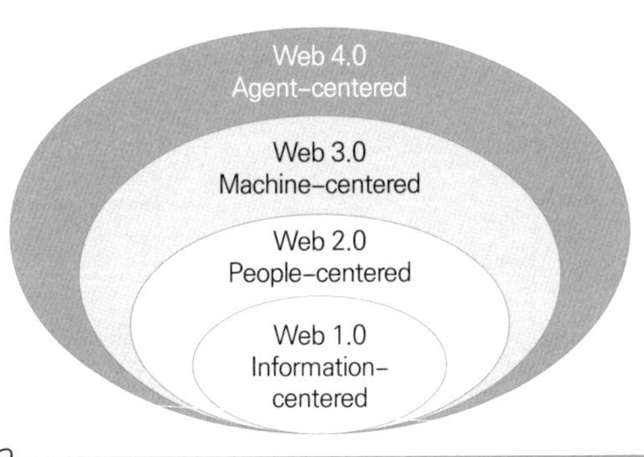

Web 4.0

1.0 PC들이 웹으로 연결 (인간-장치의 대화)

2.0 PC 운영체제·하드드라이브 보완 (인간-인간의 소통)

3.0 웹이 운영체제·하드드라이브 대체 (장치-장치의 소통)

4.0 인공지능 웹이 인간 보완

5.0 인공지능 웹이 인간 대체

웹 시대의 진화

아요. 메타버스도 똑같아요. 상상했던 모든 것들, 상상조차 못했던 모든 것들이 이미 메타버스 안에서 서비스 준비를 거의 마쳤을 거예요. 인류는 또 잘 적응하겠죠.

메타버스가 이렇게 발전한 계기가 있나요?

편 메타버스가 이렇게 발전한 계기가 있나요?

안 메타버스가 확산된 가장 큰 계기는 코로나 유행이이에요. 전염병의 유행으로 우리는 이전까지 겪어보지 못한 상황에 직면하게 되었죠. 바로 '비대면Untact'인데, 회사에서 일을 하고 번화가에서 사람을 만나는 게 당연했던 것이 당연하지 않게 되어버린 거죠. 이렇기 때문에 우리는 메타버스라는 개념에서 현실을 개선해 줄 대안을 찾아냈다고 생각해요. 우리가 앞으로 살다 보면 밖에 나가지 못하고 집에서만 생활해야 하는 상황이 또 벌어질 수도 있다고 생각하잖아요. 집에서 너무 답답했는데 그 답답함을 풀어준 게 '로블록스', '제페토'예요. 그 속에서 사람을 만날 수 있기 때문이죠. 사람과 사람이 만날 수 없는 상황이 발생하면서 메타버스 산업이 더 커졌어요. 제페토의 사용자가 3억 명이 넘는다고 해요. 초등학생들은 정말 많이 하고 있고, 국내 이용자보다 해외 이용자가 훨씬 더 많고요. 어른들은 "그런 세상이 있어?"라고 묻지만, 아이들에게 메타버스는 이미 생활이고 인생이에요. 그 안에서 이미 소비를 시작했죠. 자신의 아바타를 꾸미거든요. 돈이 흘러가는 거예요.

실제 공간

가상 공간

실제 사무실을 게임 안에 재현한 사례 (유니티 3D로 개발)

편 메타버스를 개발하는 쉬운 방법들이 있는 건가요?

안 언리얼Unreal이나 유니티Unity같은 게임 엔진들이 있어요. 고급 전문가가 아닌 사람들도 조금만 공부하면 게임을 개발할 수 있게 된 거죠. 이전에는 플랫폼을 사용하고 소비하는 입장이 훨씬 많았지만, 이제는 게임 엔진 등을 통해 사용자가 직접 개발하고 플랫폼을 구축할 수 있는 접근성이 좋아졌어요. 그러면서 직업적으로도 훨씬 넓어진 거예요.

게임 엔진이란 무엇인가요?

편 게임 엔진에 대해 자세히 알고 싶어요. 게임 엔진이란 무엇인가요?

안 간단히 말하면 게임을 만들기 위한 기능의 모음집인 소프트웨어를 뜻해요. 요즘 비디오 게임들은 현실과 비슷하게 만들거나 판타지적 요소가 들어가더라도 이상적인 표현을 위해 그래픽 엔진, 물리 엔진, 오디오, 퀘스트 등 다양하고 복잡한 프로그래밍이 필요해요. 이를 효율적으로 제작하기 위해 만들어진 소프트웨어가 바로 게임 엔진이죠. 대부분의 게임 엔진은 앞서 말한 기능들을 모두 포함해요. 따라서 개발자들이 새로운 프로젝트에 들어가더라도 기본적인 세팅을 약속된 엔진으로 시작하기 때문에 새롭게 적응 기간을 거칠 필요가 없는 거죠. 결국 엔진은 냄비나 오븐 등 요리에 필요한 물건이 기본적으로 제공되어 있는 하나의 주방이에요. 요리(게임)를 만들기 위해 거실에서 재료를 손질하고 침실에서 물을 끓이는 행위가 비효율적이기 때문에 하나의 공간(주방)에 모든 물건들이 갖춰진 환경이라 생각하면 되겠네요. 엔진의 역사적인 측면에서 말씀드리면 게임의 시작은 아날로그, 그러니까 오락실이죠. 아날로그에서 인터넷과 온라인으로 넘어와 붐이 시작된 게 2000년대 초반이거든요. 이에 맞춰서 게임 엔진도 2003년 즈음부터 나오기 시작했어요. 초기에는 IT전문가들도 다루기 어려울 정도로 불친절하고 복잡했는데 요즘 나오는 엔진들을 보면 정말 쉽고, 심지어는 코드 한 줄 작성할 줄 몰라도 게임을 만들 수 있을 정도로 사용법이 발전했죠. 이제는 조금만 배워도 누구나 적당한 게임 정도는 직접 만들 수 있는 수준까지 발전했어요.

편 게임 엔진의 종류는 어떻게 되나요?

안 게임 엔진의 종류는 굉장히 많아요. 자체 게임 엔진을 만드는 회사들도 있고, 목표로 하는 개발 방향이 비슷할 경우 회사 간 게임 엔진을 사고파는 경우도 존재해요. 가장 대표적인 두 엔진만 소개하자면, 언리얼과 유니티 엔진이에요. 이 두 엔진이 현재의 개발 트렌드를 거의 이끌고 있다고 보면 됩니다. 작은 회사부터 대형 회사까지 많은 사용자들이 존재하며 가장 널리 퍼져있어요.

언리얼 엔진은 기대할 수 있는 그래픽 퍼포먼스가 훌륭해요. 이 엔진을 통해 구현된 창작물들은 실사에 가까운 프레임과 정밀도를 보여주거든요. 요즘 신한 라이프 광고 모델로 나오는 '로지'처럼 초실감 미디어를 제작할 때도 언리얼 엔진을 사용하고요. 또한 시

유니티와 언리얼 게임 엔진 로고 출처: 해당 공식 홈페이지

장의 빠른 변화를 적극 수용해요. 신기술의 지속적인 업데이트와 엔진 자체가 포함하는 기능도 많죠. 하지만 이를 완전히 활용하기 위해서는 숙련된 고급 기술자나 대규모의 인력이 필요해요. 반면 유니티 엔진은 언리얼 엔진에 비해 결과물의 비주얼이 떨어져 보일 수 있어요. 그러한 단점에도 불구하고 작업의 속도와 편의성은 확실하게 앞서있죠. 기본적으로 누구나 쉽게 만질 수 있는 엔진을 목표로 하기에 가벼워요. 모바일 환경이나 저사양 환경에서도 쉽게 구동 가능한 범용적인 앱 등을 만들 때 특히 훌륭한 엔진이에요.

즉 언리얼 엔진은 퍼포먼스 위주의 고급 레스토랑의 주방, 유니티 엔진은 패스트푸드 전문점의 신속하고 접근이 용이한 주방과도 같아요. 따라서 회사와 프로젝트 별로 알맞은 엔진을 선택하는 것이 현명한 방법이에요. 예를 들면, 처음 게임을 개발하는 사람들이 사용하기에는 유니티 엔진이 C# 언어를 사용하기 때문에 접근하기 편하다고 생각해요. 쉽게 정리하면, 작업의 속도와 간결함을

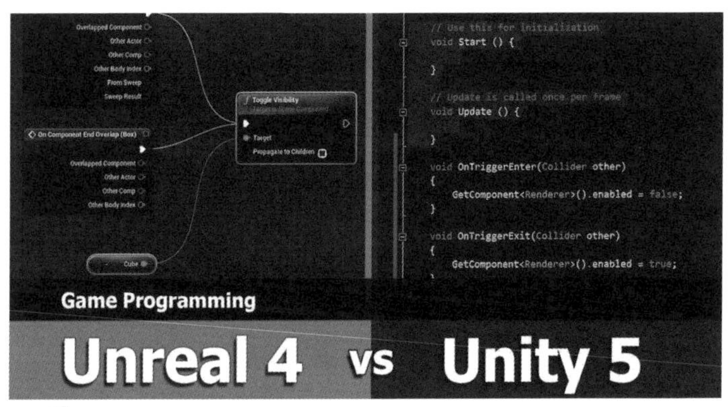

언리얼과 유니티를 이용한 게임 개발

자체 게임 엔진으로 개발된 펄어비스의 '검은사막' 출처: 검은사막 홈페이지

중시한다면 유니티 엔진이, 결과물의 품질을 중시한다면 언리얼 엔진이 제작에 적합하다고 할 수 있겠네요. 이 외에도 자체 개발한 엔진으로 게임을 제작하는 회사들도 많아요. 예를 들어 검은사막을 개발한 펄어비스는 자사 게임에 최적화된 '검은사막 엔진'으로 개발하는 것으로 유명하죠.

메타버스의 역사는 어떻게 되나요?

편 메타버스의 역사는 어떻게 되나요?

안 1992년 『스노우 크래쉬』에 처음 등장한 메타버스는 2003년 린든 랩Linden Lab이 출시한 〈세컨드 라이프Second Life〉라는 게임에서 우리의 현실 세계와 닮은 출근, 문화생활, 결혼까지 가능한 3차원 가상 세계를 경험하게 하면서 메타버스라는 용어가 널리 알려지기 시작했어요. 그러다가 2007년에 미국의 가속연구재단ASF: Acceleration Studies Foundation에서 메타버스의 개념을 네 가지로 제시했고요. 본격적으로 산업 영역에서 유명해진 사건은 바로 게임 그래픽카드 제조회사로 유명한 엔비디아의 CEO가 한 말 때문이에요. 2020년 10월 엔비디아가 옴니버스라는 개방형 플랫폼을 출시하면서 CEO 젠슨 황이 "메타버스가 오고 있다The Metaverse is coming"라는 표현을 함으로써 지금까지 상상 속에 머물렀던 SF 소설이나 영화가 곧 현실로 다가올 것이라고 강조했죠.

국내에서는 〈오징어 게임〉 드라마를 보고 가상으로 〈오징어 게임〉을 만들어서 오픈하기도 했어요. 그리고 아이들은 자신들이 노는 입체적인 공간도 직접 만들고요. 2018년에 네이버가 출시한

〈세컨드 라이프〉 (2003) 출처: 세컨드라이프 공식 홈페이지

"메타버스가 오고 있다" (젠슨 황) 출처: NVIDIA 공식 유튜브

'제페토'는 몇 년 안 되었는데도 사용자가 급증했어요. 이제는 평면화된 PC나 모바일이 아니라 실감 미디어를 통해 가상 체험으로 직접 느낄 수 있게 해주는 홀로렌즈나 오큘러스Oculus, HMD 같은 하드웨어 기술까지 발전하고 있어요. 오큘러스는 페이스북이 인수했죠. 저도 오큘러스 2를 갖고 있는데, 굉장히 실감 나고 제가 진짜 그 공간에 가 있는 것 같아요.

편 오큘러스를 쓰고 프로그램에 접속을 하는 건가요? 아니면 그 자체에서 프로그램이 실행되는 건가요?

안 하드웨어에 게임이나 프로그램을 설치해야 돼요. 고글 형태로 되어 있지만 하나의 PC 환경이라고 보면 됩니다. 예를 들어, 이 하드웨어에 특화된 커뮤니케이션 프로그램을 설치하면 글자로만 대화하는 게 아니라 아바타끼리 마주 보면서 대화도 하고, 회의도 할 수 있어요. 회의 장소를 해운대로 정하면 해운대가 가상으로 구현이 되는 거죠. 굉장히 발전했어요.

편 메타버스라는 플랫폼은 최근에 나온 게 아니라 기존 기술 위에서 계속 발전을 한 거네요.

안 네. 메타버스 플랫폼은 아주 오래전부터 있었어요. 혹시 '다마

HMD를 이용한 가상 회의 (Spatial) 출처: Spatial 공식 홈페이지

고치'라고 들어보셨나요? 이게 1996년 정도에 나왔는데, 다마고치라는 동물 친구를 키울 수 있는 작은 게임기가 있었어요. 당시에 뉴스에도 나올 정도로 유행을 했었죠. 저는 이런 미디어의 콘텐츠가 친구가 되고, 키우는 동물이 되고, 자기 자신 그 자체라는 착각이나 몰입을 일으키는 순간에 메타버스가 완성됐다고 봐요. 이 세계관이 크든 작든 메타버스의 세계관이 완성된 거죠. 그때는 핸드폰도 없을 때잖아요. 작은 게임기 안에서 배고프면 밥을 주고, 아프면 약도 챙겨주고, 청소도 해주면서 메타버스라는 세계관 안에서 동물을 키우는 거예요. 당시 초등학생들은 이 동물이 배고플까 봐 수

1990년대 전 세계적으로 인기를 끌었던 디지털 애완동물 '다마고치'

출처: 다마고치 공식 홈페이지

업 시간에도 계속 밥을 주고 보살폈어요. 우리가 체감했던 메타버스는 이때부터 있었다고 생각해요. 그래서 저는 이 '다마고치'가 어떤 것보다도 가장 현실적이면서 성공했던 메타버스의 사례라고 보고 있어요.

메타버스가 지금 우리 생활에서 어떤 역할을 하고 있나요?

편 메타버스가 지금 우리 생활에서 어떤 역할을 하고 있나요?

안 최근 사례들을 말씀드릴게요. 최근에 대통령 선거가 있었는데요, 선거운동을 해야 하는데 코로나 때문에 비대면으로 사람들을 모아야 되잖아요. 그래서 그 모임을 메타버스에서 했어요. 후보자가 광장을 만들면 유권자들이 거기 모이는 거예요. 그렇게 선거에도 이미 쓰였어요. 그리고 기업에서는 재택근무를 많이 하잖아요. '직방' 같은 기업은 아예 사무실을 없애고 메타버스 안에 건물을 지어놓고 일을 하는 걸로 바뀌었어요. 기업의 운영에 있어서도 메타버스가 활성화되고 있죠. 공연은 이미 많이 하고 있는데, 에스파라는 걸그룹은 애초에 메타버스 세계관을 바탕으로 기획되어 데뷔한 그룹이에요. 현실 세계의 데뷔와 동시에 가상 세계에도 멤버들을 본뜬 아바타를 만들어서 활동하고 있어요. 새 앨범이 나오거나 뮤직비디오가 공개될 때 기존의 음악방송 무대뿐 아니라 가상 무대에서 공연하는 또 다른 에스파도 함께 활동하는 세계관인 거죠. 그래서 무대연출을 보면 이들이 공연할 때, 옆에 캐릭터가 하나씩 같이 있어요. 이런 사례들을 봐도 대중문화라는 거대한 흐름 자체가 메타버스라는 유행에 편승해 단기적인 이익만을 취하는 것이 아닌 트렌드를 선도하는 개념으로 메타버스를 적극 활용하고 있다고 생각해요.

그리고 대학 입학식을 메타버스에서 하는 학교들도 많이 생겼어요. 메타버스 공간에서 총장님 인사말도 하고, 수여 등 관련 행사를 하는 거죠. 박람회도 메타버스에서 많이 열리고요. 최근에는 마

출처: 에스파 공식 유튜브 계정

현실과 가상 세계에 공존하는 에스파 멤버 카리나와 '아이-카리나'

케팅, 홍보 분야에서 활발하게 쓰여요. 그리고 의료 분야를 예로 들면, 대한민국 서울에 훌륭한 의사가 있어요. 이 의사가 아무리 수술을 잘하고 병을 잘 고칠 수 있어도 아프리카나 멀리 떨어진 곳의 환자는 물리적으로 치료를 받을 수 없잖아요. 이런 한계를 극복하는 방법으로 메타버스를 이용하는 거죠. 메타버스 안에 공간을 만들고 의사가 환자를 볼 수 있게 가상화시켜요. 수술은 의사의 움직임을 정밀하게 똑같이 할 수 있는 로봇 팔로 하는 거예요. 그렇게 되면 직접 가지 않더라도 이 의사가 멀리 있는 사람을 살릴 수 있어요. 그리고 메타버스에서 지금 제일 많이 쓰이고 있는 부분은 심

ADHD 치료용 게임 〈인데버Rx〉 출처: 인데버Rx 공식 홈페이지

리 치료예요. 사람들이 정신건강의학과나 심리치료를 받으러 가면, 지금 어떻게 힘들고 어떤 트라우마를 겪고 있는지 얘기해야 되잖아요. 그런데 통계적으로 살펴보면 환자들이 직접 대면해서 얘기하는 것보다 메타버스라는 가상공간에서 아바타로 만났을 때 더 솔직하고 편안하게 이야기를 한대요. 말하는 입장에서는 앞에 사람이 없다고 느껴서 그런 거죠. 하지만 실제로는 아바타를 통해 다 듣고 있거든요. 이렇게 심리 치료에서 효과가 나타나기도 해요.

최근에는 디지털 치료제도 나오고 있어요. 우울증을 치료하는 VR 콘텐츠, 치매를 치료하는 VR 콘텐츠도 있죠. 명연설, 자연의 모습, 고향의 모습 등을 보여주면 치매를 예방하는 데 효과가 있다는 학술적 결과들이 계속 나오고 있어요. 이렇게 디지털이나 메타버스의 콘텐츠를 약으로 인정해서 승인을 했어요. 이렇듯 대중문화, 정치, 교육, 헬스케어 등 메타버스가 활용되지 않는 분야가 없을 정도로 이미 우리 생활에 밀접하게 다가온 개념이라고 볼 수 있어요.

가상 인간에 대해서 어떻게 생각하세요?

편 가상 인간에 대해서 어떻게 생각하세요?

안 앞에서 잠깐 말씀드린 '로지'는 팬클럽이 생기고 소속사도 생겼어요. '로지'는 해외나 국내외 어디든 동시에 여러 군데를 갈 수 있어요. 늙지도 않고, 스캔들이나 다른 문제들이 생길 염려도 없죠. 사람들이 이런 캐릭터에 환호하기 시작했어요. 사람과 너무 유사하고, 이미 샐럽이 되었어요. 그래서 이 캐릭터의 가치가 상승을 했죠. 메타버스에서 이런 캐릭터로 사업을 선점하기 위해서 가장 중

가상 인간 '로지' 출처: 싸이더스 스튜디오 엑스

요한 건, 사람과 똑같게 느껴야 된다는 거예요. 자연스럽게 보이려면 표정 하나, 눈의 깜빡임 하나까지 세세하게 작업해야 하죠. 그래서 개발하기까지 굉장히 오랜 시간이 걸렸을 것 같아요. 그래도 요즘은 언리얼 같은 엔진들도 있고, 그래픽 속도가 좋아져서 작업 속도는 빨랐을 거예요. 예전에는 PC 로딩만 두 시간씩 걸렸거든요. 이런 캐릭터가 계속 나오고 있고, 앞으로도 더 나올 것 같아요. 지금까지 나온 캐릭터는 대부분 발랄한 젊은 여성이 많은데 앞으로는 아이, 남성, 노인들도 나올 거예요. 그 캐릭터들로 드라마를 찍는 거죠. 그게 가능해졌어요.

메타버스 안에서 물건이나 땅을 소유할 수도 있나요?

편 메타버스 안에서 물건이나 땅을 소유할 수도 있나요?

안 현실적으로 많은 일이 벌어지고 있고, 저도 재밌게 생각하는 부분은 부동산 분야예요. 메타버스가 기존의 온라인 게임이나 SNS 플랫폼과 가장 차별화되는 요소 중 하나가 언급해 주신 개인의 사유재산에 대한 부분이라고 생각해요. 예전에 데니스 호프라는 사람이 하늘에 떠있는 달의 소유권을 주장하면서 달의 땅을 실제로 판매한 적이 있었어요. 많은 사람들은 그 행위를 비웃고 괴짜 같은 일이라고 생각했지만, 그가 달의 땅을 팔아서 얻은 수익은 백억 가까이 되는 큰돈이었죠. 그럼 달의 땅을 산 사람들은 단순히 재미난 이벤트에 참여하기 위해 그런 큰돈을 사용한 것일까요? 저는 그때 달의 땅을 구매한 사람들은 자신의 원초적인 소유욕에 투자했다고 생각해요. 메타버스도 같아요. 심지어 메타버스 내의 부동산은 정말 단순하게 말하면 데이터 조각에 불과하죠. 달의 땅을 파는 것보다 더 허무맹랑한 말일 수도 있어요. 하지만 어스2Earth2나 디센트럴랜드 같은 부동산을 판매하는 메타버스를 보면 플랫폼 초기에는 10평방미터의 가격이 200원, 500원 했던 게 지금은 80만 원에 거래되고 있어요. 그리고 이 땅의 주인은 재미로 구매했던 초등학생이죠. 그 어린아이가 투기의 목적으로, 미래의 가능성을 보고 투자했을까요? 저는 단순히 나만의 비밀기지를 가지고 싶다는 순수한 발상이었을 거라고 생각해요. 가치가 있기에 사람과 돈이 몰리는 것이 아니라 '나만의 공간을 소유한다.'는 지극히 원초적인 소유욕과 그렇게 구매한 가상의 사유재산을 구매자만의 것으로 인정해 주는 블록체인 기술의 결합이 메타버스 세상에서 통용되는 모든 재화에 실제 가치를 부여해 준다고 생각해요. 이렇듯 나만의 재산을 소유하고 재생산하고 시장경제를 형성한다는 개념이 메타버스의 알파이자 오메가라고 생각합니다.

편 그럼 메타버스 그 땅의 원래 주인이 누군데요? 구글어스를 예를 들면 구글인가요?

안 플랫폼은 거래할 수 있는 거래 장터를 만든 것뿐이에요. 플랫폼의 운영자는 있지만 이 땅을 사는 순간부터는 내 땅이 되는 거죠. 땅을 거래할 수 있게끔 환경을 열어주고 서비스를 제공만 하는 거예요. '거래가 된다니 사볼까?' 하고 사게 되면, 그 메타버스 공간 안에서는 자신의 땅이에요. 그 땅 위에서 앞으로 무슨 일이 벌어질지는 아직 몰라요. 만약에 어느 특정 지역이 인기가 있어서 그 땅에

가상 부동산을 사고팔 수 있는 '어스2' 출처: 어스2 공식 홈페이지

대기업이 매장이나 공장을 세우려고 한다면, 그 땅 주인에게 임대를 하거나 땅을 사겠다고 제안하고 거래가 이루어지겠죠. 그럴 만한 가치가 있다고 판단되면 100만 원짜리 땅이 갑자기 1억 원이 될 수도 있어요. 그런 시장이 지금 메타버스 안에서 형성되고 있는 거예요.

플랫폼을 서로 연결하는 기술도 나올까요?

편 지금 여러 종류의 메타버스 플랫폼이 있잖아요. 말씀하신 구글 어스도 있고, 제페토도 있고요. 지금은 그 플랫폼이 서로 연결돼 있지 않고 단절돼 있는데, 그렇다면 대기업 입장에서는 다양한 플랫폼에 각각 원하는 매장을 세울 수 있는 거네요? 그럼 사용자가 많은 플랫폼이 절대적으로 우위에 있는 것 아닌가요? 그리고 플랫폼이 서로 연결될 수 있는 기술도 나올까요?

안 좋은 질문을 하신 것 같아요. 플랫폼 하시는 분들도 고민을 해야 되는데, 잘 못하는 것 같아요. 메타버스를 잘 모르는 분이 할 수 있는 질문이죠. 지는 사실 그 시장이 있다고 봅니다. 메타버스 안에서는 나라나 지역의 경계가 거의 없다고 봐야 해요. 그렇다면 통용되는 화폐는 어떻게 할 것인가가 문제가 됩니다. 그 안에서 사용할 수 있는 화폐의 개념을 정의해야죠. 거기에 블록체인 개념이 들어가는 거예요. 예를 들어 거래된 인형이 하나 있다고 했을 때, 그 인형의 소유권을 인정하기 위해서는 시스템 인증 체계가 필요해요. 그게 NFT로 발전하는 거고요. 내가 이 플랫폼에서 소유하고 있는 것들을 다른 플랫폼에서 거래하고 싶을 수도 있어요. 그런 요구를 해결하기 위해서 플랫폼이 서로 연계하려는 움직임이 벌어질 수밖에 없어요. 그러면 여러 개의 메타버스가 서로 소통하면서 경제 활동이 벌어지는 멀티버스가 되겠죠. 〈스파이더맨〉 영화를 보면 다른 유니버스에 사는 사람이 동시에 와서 한 공간에 모이잖아요. 저는 메타버스도 그렇게 될 거라 생각해요.

블록체인과 NFT에 대해 쉽게 설명해 주세요.

편 블록체인과 NFT에 대해 쉽게 설명해 주세요.

안 블록체인을 먼저 설명해 드리면, 모두가 볼 수 있는 거래 장부라고 생각하면 이해가 쉬울 거예요. 기존에는 우리가 거래를 할 때 중개인을 거치고 이 중개인이 데이터를 총괄하는 역할을 맡았어요. 그런데 이러한 중앙지배적인 구조에서 보안과 권리를 맡기는 것은 한계가 명확해요. 결국 중개인이 해킹당하거나 사악한 마음을 가지면 위험해질 수 있죠. 이 한계를 넘어서기 위해 생긴 기술이 블록체인이에요. 기존처럼 데이터를 한곳으로 모으는 것이 아니라 여러 명이 데이터를 나눠서 저장하기 때문에 많은 사용자가 생길수록 완벽에 가까운 보안이 이루어져요. 모두가 같은 정보를 가지고 있기 때문에 임의로 수정이 불가능하죠. NFT는 블록체인 기술을 활용한 개념이에요.

Non-Fungible Token. 한국어로 표현하면 대체 불가능 토큰이에요. 디지털 자산의 주인을 증명하는 토큰을 말하죠. 더 쉽게 설명하면, 디지털 공간의 품질보증서와 같다고 생각하면 돼요. 우리가 현실 세계에서 신발을 사거나 냉장고를 사더라도 정품인증서나

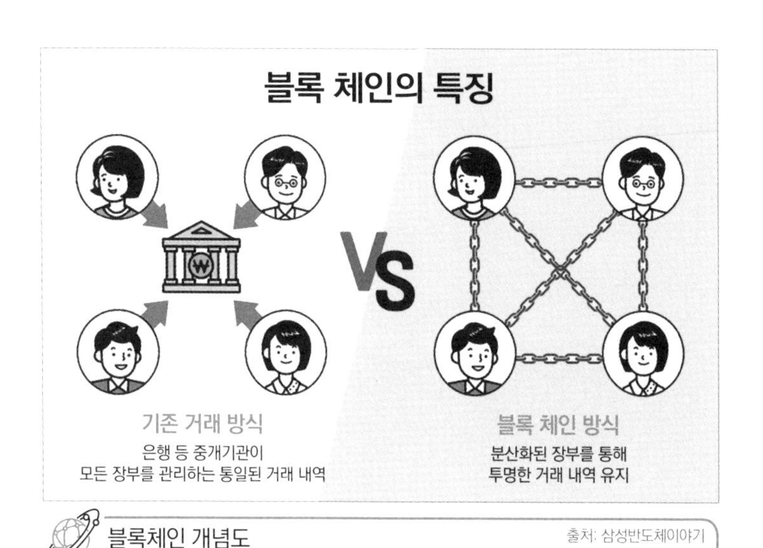

블록체인 개념도 출처: 삼성반도체이야기

품질보증서가 같이 오잖아요. 이러한 개념을 디지털 공간에서 구현했다고 생각하면 이해가 쉬울 거예요. 위의 기술과 개념들이 어떻게 사용되고 있는지도 간략하게 설명해 드릴게요. 블록체인은 여러분도 들어보셨을 암호화폐(비트코인, 이더리움 등)의 핵심 기술이에요. 그리고 NFT 자산은 대부분 가상화폐로 거래를 진행하죠. 별개의 개념이지만 서로 얽혀있어요. 여기서 거래되는 NFT는 유명인들의 디지털 자산이 대표적이에요. 스티브 잡스의 1973년도 입사지원서가 NFT로 경매에 나와서 당시 2,700만 원 정도의 가치를 가진 암호화폐로 거래됐어요. 블록체인과 NFT는 지금도 미래를 향해 가고 있고, 거의 매일 관련 기술이나 개념들이 연구, 발표를 반복하고 있어요. 제가 설명해 드린 부분은 어디까지나 기본적인 개념이고요. 저마다 이를 어떻게 활용하고 발전시킬지 생각해 보는 것도 좋겠죠.

메타버스 안에서 어떤 일을 하시나요?

편 대표님은 메타버스 안에서 어떤 일을 하시나요?

안 제가 최근에 힘든 사업을 하나 수주했어요. 메타버스 면접을 기획해서 개발하고 있는데요, 메타버스 안에서의 행동 데이터를 분석해서 인공지능을 탑재한 HR Human Resource 서비스를 개발하는 거예요. 앞에 잠깐 나왔던 이야기인데, 심리 치료와 비슷한 맥락이에요. 사람이 면접을 볼 때 그 사람의 외모가 선입견으로 작용해서 제대로 보지 못하는 것들이 있어요. 사람이기 때문에 이미지나 용모를 보고 판단하게 되죠. 공부를 잘할 것 같은 이미지라서 채용했는데 일을 못하는 경우도 있고, 첫인상은 평범했지만 업무를 정말 잘하는 사람도 있거든요. 뛰어난 인재는 요즘 기업들이 가장 중요하게 생각하는 자원이에요. 어떤 인재를 뽑느냐가 기업의 승부인데, 그 시작이 면접이잖아요. 이 사람의 진정성, 성향, 업무 적성, 그리고 직무에 대한 능력과 실력을 판단해야 하는데 필기시험으로는 어떻게 해도 오류가 생겨요. 하지만 게임을 통하면 훨씬 정확하게 알 수 있어요. 게임을 하다 잘 안되면 화를 내는 사람도 있고, 성격이 급해서 미션을 지나치는 사람도 있고, 꼼꼼하고 차근하게 살

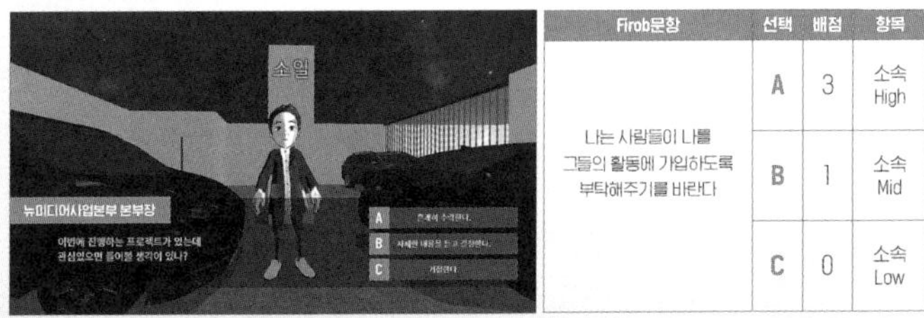

[선택지에 따라 적용 될 점수표]

Firob문항	선택	배점	항목
나는 사람들이 나를 그들의 활동에 가입하도록 부탁해주기를 바란다	A	3	소속 High
	B	1	소속 Mid
	C	0	소속 Low

Firo-b 검사의 질문이 배경으로 녹아있는 대화 스크립트를 구성하여 상황을 부여한다.

메타버스 면접 (Meta_HR)

펴보고 미션을 해결하는 사람도 있어요. 이런 것들은 모두 그 사람의 사고방식과 태도와 관련이 있어요. 그리고 돌발 상황을 만들어서 어떻게 대처하느냐에 따라 예의나 인성도 볼 수 있고요. 다음 단계의 미션을 선택하는 취향이나 도전하는 방식에 따라서 영업이나 기획, 개발 등의 업무 성향도 알아낼 수 있어요. 특정 업무에 대한 지식을 확인할 수 있는 요소를 미션에 담아서 판단할 수도 있고요. 게임 안에서 미션이라는 이벤트를 만들고 면접자들이 수행하면, 그 로그Log를 다 받아서 채용을 판단하는 데이터로 사용하는 거예요. 그러면 그 분야에 필요한 핵심 인재를 뽑을 수 있죠. 그리고 실제로 직무를 하면서 이 사람이 회사에 대한 불만은 없는지, 계속 다닐 건지, 지금 행복한지, 업무가 적성에 맞는지를 확인하는데도 활용할 수 있죠. 기업들이 가장 고민하는 부분이라 저희 회사에서 인적자원을 관리하는 메타버스 플랫폼을 개발하고 있어요. 메타버스 안에는 모두 로그가 남거든요.

편 아이디어가 너무 좋네요. 또 다른 프로그램도 있나요?

안 보물찾기 플랫폼을 만들고 있어요. 다들 포켓몬 고는 아실 거예요. 현실 공간에서 가상으로 존재하고 있는 포켓몬들을 GPS 형태로 쫓아가면서 잡는 게임이잖아요. 저희가 개발하고 있는 건 보물찾기인데, 보물을 숨길 수도 있고 찾을 수도 있어요. 예를 들어 친구나 가족이 내일 제주도 여행을 간다고 하면, 섭지코지나 성산일출봉에 보물을 숨겨 놓는 거죠. 그곳에서 미션을 달성해서 보물을 찾으면 선물을 받을 수 있어요. 선물을 숨기는 장소도 자유롭게 정할 수 있고요. 아버지가 수학여행 간 아들에게 보물찾기 앱을 통해 선물을 보낼 수도 있겠죠. 미션도 정할 수 있기 때문에 엄마 아빠에 대한 문제를 낼 수도 있고, 아빠가 어렸을 때 갔던 곳을 그대로 가보게 할 수도 있어요. 미션을 따라 이동하면서 보물을 찾아내면 용돈이 선물로 나오고요. 또 단체 관광객들을 정해진 동선으로 움직이게끔 미션을 주고, 보물을 찾으면 지역 화폐를 선물로 줄 수도 있어요. 단순한 이동이 아니라 동선에 스토리텔링을 담아서 보물을 숨기고, 게임을 따라 이동하면서 새로운 장소를 발견하니까 지역 상권에도 활력을 주는 프로그램이에요. 숨기는 사람과 보물을 찾는 사람이 연결되면서 각자의 스토리를 만들 수 있죠. 숨기는 사람의 의도가 반영되니까 직접 체험하는 사람도 설레고 재미있고요. 이런 스토리텔링 기반의 보물찾기 프로그램이 거의 완성되었

위치 기반 보물찾기 게임

어요. 이 책이 출간되었을 때는 프로그램이 보급된 이후겠네요. 울산 전국체전과 보령 머드 축제에서도 쓰기로 했어요. 다른 지자체들과도 계속 이야기하고 있고요.

편 포켓몬 고라는 게임과도 비슷한 점이 있네요?

안 포켓몬 고는 AR 게임이라고 하지만 넓은 의미에서 메타버스 서비스라고 할 수도 있어요. 현실의 공간에서 사람들을 이동하게 만드는 동기를 만들었고, 이동 후 즐기는 게임의 형식은 모바일의 AR(증강현실)로 전개가 되죠. 그야말로 현실과 가상의 멋들어진 콜라보예요. 이 게임은 전 세계적으로 선풍적인 인기를 끌면서 게임이 컴퓨터나 휴대폰을 보면서 정적으로 행해지는 활동으로만 여겼던 고정관념을 깼죠. 이러한 현상은 단순한 이동에 지나지 않았어요. 포켓몬을 포획하기 위한 장소가 유명 관광지에 국한된 것이 아니라 구석구석에 숨겨지면서 속초 곳곳의 장소와 골목의 상권을 살리는데 큰 기여를 했어요. 우리 보물찾기도 핸드폰에 앱을 설치하고 들어오면, 울산 전국체전도 있고 머드 축제도 있어요. 그 안에서 노는 거죠.

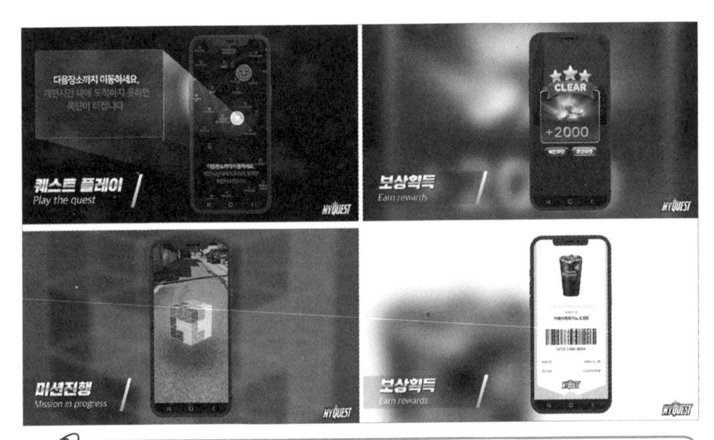

보물찾기 게임 〈마이퀘스트〉

미션 수행 후 보상 획득

다른 메타버스와의 차별점은 뭔가요?

편 대표님이 구축하는 메타버스와 다른 메타버스와의 차별점은 뭔가요?

안 예를 들어 메타버스에서 설악산을 가면 가상 세계 안에 있는 똑같은 산을 체험하는 거예요. 그런데 저희가 개발한 건, 현실과 메타버스가 연결되어 있다는 거죠. 실제로 그 지역에 가야 보물찾기를 할 수 있어요. 지역 경제를 활성화하려면 사람이 직접 가서 밥도 사 먹고 체험도 해야 되잖아요. 저는 사람들이 그 지역에 가서 다양한 체험활동을 하게 만들고 싶어요. 단순히 특정 위치에서 게임회사가 일방적으로 숨긴 포켓몬을 잡는 게임의 방식은 유저들을 금방 식상하게 했고, 젊은 층의 이탈로 이어졌어요. 다만 중년층에게는 걷기 친구로 사용자가 다소 늘어나긴 했죠. 메타버스는 상호작용이 있어야 하고 현실과 가상을 다양한 스토리로 이어가면서 일방적인 서비스가 아닌 내가 많은 부분 참여에 의해 동작하는 플랫폼 논리를 가져야 하는데 저희가 개발하는 메타버스 서비스가 그렇습니다.

보물찾기는 남녀노소 보물의 가치를 떠나서 참여 자체가 설렘과 승부욕을 불러일으키는 영원한 로망의 놀이이고, 보물을 찾아 떠나는 여정과 모험은 소설이나 영화에서도 중요한 소재로 사용되고 있어요. 보물은 찾는 재미도 있지만 사실 숨기는 재미가 더 있죠. 보물을 찾을 사람에 대한 정서를 담아서 어떤 걸 숨길지 어디에 숨길지 그리고 찾는 과정에 어떤 스토리를 담을지 생각하면서 숨기는 과정은 찾는 것 그 이상의 즐거움이에요. 또 찾는 사람은 숨긴 사람의 숨겨진 의도를 알아가면서 스토리를 쫓다 보면 묘한 감정이 생기고, 찾은 보물은 그냥 전달받은 선물보다 더 큰 의미가 되는 거죠. 아빠가 아들에게 어릴 적 추억의 장소에 숨기고, 남자친구가 여자 친구에게 특별한 프러포즈를 하고, 수학여행에서는 역사의 현장을 스토리와 함께 보물을 찾으며 교육과 재미를 함께 줄 수 있어요. 내일 여행을 떠나는 친구 가족을 위해서 제주도의 섭지코지에 보물을 숨기고 맛난 음식점으로의 여정과 흑돼지 요리를 선물할 수도 있죠.

편 지자체 입장에서도 이 플랫폼을 적극적으로 홍보할 수밖에 없겠네요.

안 각 지자체는 관광 활성화와 상권을 살리는 다양한 홍보 활동과 빅데이터 분석 등 다방면의 노력을 끊임없이 진행하고 있어요.

이용자 위치 기반으로 진행되는 게임

하지만 이런 시도는 지속 가능한 방법은 제시하지 못하고 있어요. 매년 반복적인 투자와 수고를 필요로 하고, 어느 정도의 결과만 예상되는 혁신적이지 못한 이벤트에 지나지 않죠. 포켓몬 고라는 게임 하나 때문에 속초의 지역 상권을 살렸던 사례가 있었잖아요. 메타버스 서비스가 관광 및 지역 상권 살리기에 대한 차별화된 플랫폼을 가질 수 있다고 판단해서 메타버스 보물찾기를 만들게 된 것이죠. 긍정적인 플랫폼 효과와 관련 기업의 성공 사례가 함께 한다면, 현재 대한민국의 앞선 IT 기술과 인프라를 기반으로 세상의 모든 사람들을 보물찾기로 이동시키는 묘하고 신선한 서비스가 탄생할 수도 있을 것 같은 예감이 듭니다. 따라서 제가 이 플랫폼을 소개하지 않아도 큰 이벤트를 갖고 있는 지방정부에서 홍보하면 사용자들이 늘어날 거예요. 그리고 사용자들이 활동한 로그를 보면 아빠가 아들에게 주는 선물은 요즘 어떤 게 유행하는지, 연인 사이에서는 어떤 이벤트를 하는지 쉽게 알 수 있어요. 그 데이터를 분석하면 또 새로운 서비스를 만들 수 있고요. 메타버스는 진정성이 있는 데이터를 만들어내요. 아까 말씀드린 HR 면접 서비스도 마찬가지고요. 이렇게 저희 회사는 메타버스 보물찾기와 HR 면접 서비스를 준비하고 있어요.

편 메타버스는 어떻게 이루어져 있나요?

안 "우리가 메타버스 서비스를 만들어볼까?" 처음에는 아무것도 없어요. 제일 먼저 무엇을 위한, 어떤 서비스를 제공할 것인지 고민해야겠죠. 그게 기획입니다. 예를 들어 면접, 관광, 의료 등 어떤 분야의 서비스를 제공할 것인지 먼저 기획을 하고 나서 '어떻게 구현할 것인가'를 정해야 해요. 구현 방법을 정할 때 가장 중요한 부분은 '어떻게 하면 현실에서 일어날 수 있는 일들을 효율적으로 대체할 수 있을까?'를 먼저 생각하는 거예요. 그리고 가장 적합한 기술을 적용하는 방식으로 제작을 진행하죠. 저희가 제작하고 있는 플랫폼 중 하나인 보물찾기는 가상 세계, 쉽게 말하면 게임에서 퀘스트를 깨고 보상을 얻는 과정을 현실에도 적용시키면 어떨까? 퀘스트 제작 과정에서 누구나 자신의 이야기를 하나의 완결을 가지는 퀘스트로 만들 수 있게 하면 어떨까? 하는 발상에서 시작하게 되었는데요, 이렇게 코어 콘텐츠 기획이 끝나고 나면 보물을 찾는다는 원초적인 개념에 가장 적합한 기술이 무엇일까를 고민하게 돼요. 저희는 여기에 AR(Augmented Reality, 증강현실)의 형태를 접목시켜서 내가 실제로 움직이고 행동하는 공간은 현실이지만 그 행위를 보다 몰입감 있게 해줄 수 있는 장치로 증강현실을 채택한 거죠. 또 다른 예로는 제페토처럼 플랫폼 안에 공간을 만들어 이용자의 자유로운 행동방식 안에서 서비스 모델을 구현하려 한다면 방법이 달라져요. 그에 따른 개발 요소들이 붙게 되죠. 여기에는 현실과 똑같이 복제된 디지털 트윈Digitla-Twin공간이 필요하니까요.

이러한 메타버스 제작 과정에는 플랫폼 개발자도 필요하고, AR로 애플리케이션을 만드는 개발자도 필요하고, 코딩 개발자도 필요해요. 디자이너도 마찬가지죠. 2D, 3D 이펙터 등 거의 모든 분야를 필요로 해요. 왜냐하면 우리가 구현하고자 하는 세상을 표현하는데 가장 적합한 기술과 표현 방식은 플랫폼의 정체성에 따라 달라지기 때문이에요. 만약 단순하게 게임을 만드는 회사라면 3D인지 2D인지 싱글 게임인지 멀티 게임인지를 정하고, 그에 필요한 인력만으로 제작을 하겠지만, 메타버스는 어떠한 형태로든 구현될 수 있기 때문에 넓은 인재풀의 인력이 필요한 거죠. 어쩌면 보여주는 결과물의 형태가 정형화되어 있지 않기 때문에 그것을 만드는 사람들도 다양한 분야에서 모이게 된다고 할 수 있겠네요. 이렇게 기획에 따라 여러 구성이 모이기도 하고 빠지기도 하면서 메타버스가 만들어집니다.

메타버스 개발 사이클

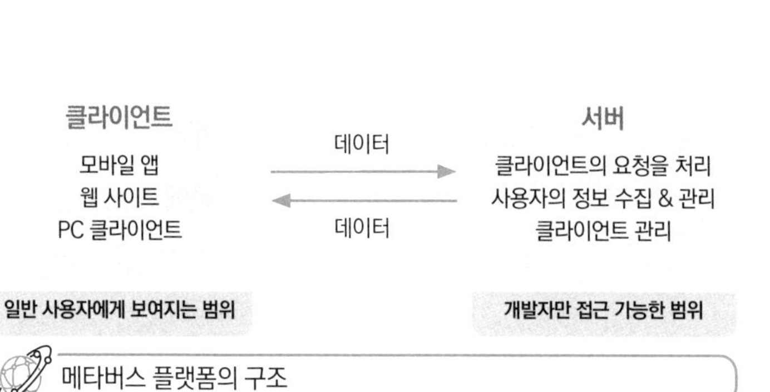

메타버스 플랫폼의 구조

왜 현실의 모든 것들이 메타버스로 이동하는 걸까요?

편 메타버스가 교육, 정치, 의료, 게임 등 우리 생활과 깊은 관련이 있다고 말씀해 주셨어요. 현실의 모든 것들이 메타버스로 이동하는 느낌입니다. 왜 그렇게 변하는 건가요? 인간이 자신의 물리적인 한계나 환경적인 한계를 극복하고 싶어서일까요?

안 저는 오프라인에서 벌어지는 모든 생활이 메타버스로 전부 옮겨갈 수 있다고 확신해요. 메타버스는 인간의 또 다른 삶이 될 거예요. 이미 메타버스 안에서 공연도 보고 친구들과 만나서 놀러 가요. 아마 학교도 다니게 될 거예요. 졸업장도 받고요. 메타버스에는 어떤 제약이 없어요. 무엇이든 가능하죠. 인터넷 사용이 널리 퍼지면서 멀리 있는 사람들과 구체적인 정보를 주고받거나 실시간으로 소통하게 되었잖아요? 그런데 사람들이 직접 만나서 주고받아야 확실한 정보, 예를 들면 댄스를 배우거나 얼굴을 마주하고 상담을 진행하거나 하는 것들은 인터넷 환경만으로는 효과가 약하죠. 정보통신 환경의 발전은 인간의 시간과 공간의 한계를 개선해 주었지만 직접 마주하거나 정서情緖를 나누어야 하는 상황에서는 효과적이지 못해요. 그래서 메타버스는 현실 공간과 똑같은 환경을 만들어내려고 노력 중이에요. 그렇게 되면 사람과 사람 사이 주고받은 말과 글뿐만 아니라 상대방의 표정, 몸짓, 그 공간의 분위기까지 공유할 수 있겠죠. 머지않아 우리는 한 교실에 모이지 않아도 메타버스 공간으로 등교할 수 있어요. 집에 있지만 가상 교실에 함께 있는 거죠. 그리고 내 몸과 똑같은 가상공간을 만들어낼 수 있다면 의사와 함께 내 몸속으로 들어가서 현재의 건강 상태를 눈으로 볼 수 있겠죠? 아마 이런 병원으로 환자들이 몰리겠네요. 의료계에서도 메타버스를 중요한 차세대 예방의학 기술로 인식하고 있는 이유도 바로 여기에 있어요. 학수고대하던 BTS 콘서트 티켓이 매진됐다고요? 괜찮아요. 메타버스는 공연장 크기와 상관없이 많은 사람들이 동시에 모여서 공연 관람을 할 수 있으니까요. 그것도 눈앞에서...^^

편 현실에서는 끊임없이 비용을 지불하잖아요. 메타버스에서도 해당 서비스를 이용할 때마다 비용이 생길까요?

안 지금의 메타버스라면 플랫폼마다 다를 것 같아요. 예를 들어 네이버가 검색할 때마다 돈을 받겠다고 할 수는 있지만, 플랫폼 사업자가 그렇게 하지는 않아요. 사용자들이 활동을 했을 때 광고가 붙거나 아이템을 거래하면서 발생하는 이익은 있겠죠. 그런 시장이 활성화될 거라고 생각하지만, 플랫폼 자체의 사용료는 없을 것

무료 메타버스 플랫폼 나이키랜드 출처: 나이키랜드 공식 홈페이지

같아요. 저는 메타버스 시장의 미래는 One Platform이 최종 형태라고 생각해요. 현실을 대체하는 단 하나의 메타버스에 수많은 서비스들이 플러그인 형태로 달라붙어 있는 거죠. 영화 〈레디 플레이어 원〉의 오아시스와 비슷한 개념이라고 생각하면 좋을 것 같아요. 우리가 현실에서 숨 쉬고 걷는 것에 요금을 부과하지 않듯이 하나의 플랫폼이 된 메타버스 세상에서는 플랫폼 자체의 이용료는 없는 거죠. 하지만 현실에서 의식주를 해결할 때 비용이 발생하듯이 메타버스 세상도 마찬가지일 거라고 봐요. 또 메타버스 세상에서 의식주를 해결하기 위한 비용 또한 메타버스 안에서 벌게 되는 완벽한 개념의 또 하나의 현실이 메타버스에서 탄생될 거예요.

메타버스 플랫폼 몇 가지 소개해 주세요.

편 대표적인 메타버스 플랫폼 몇 가지 소개해 주세요.

안 앞에서 말씀드린 제페도와 로블록스가 있어요.

편 로블록스는 게임 아닌가요?

안 메타버스 플랫폼에는 게임적인 요소에서 메타버스로 온 게 있고, 커뮤니티적인 요소에서 메타버스로 온 게 있어요. 제페토는 커뮤니티 형태로 시작해서 메타버스가 된 거죠. '여기에 모여서 놀자.' 이런 개념으로요. 반면 로블록스는 게임 기반이에요. 로블록스의 가장 큰 장점은 내가 게임을 만들 수 있다는 거예요. 로블록스가 제공하는 제작 툴을 이용해서 간단한 미로 찾기 게임부터 실제 경제가 적용되는 RPG 월드까지 상상하는 웬만한 것들은 다 제작이 가능하다고 생각해요. 메타버스의 가장 큰 차별점 중 하나가 유저가 스스로 재창조할 수 있는 무언가가 있어야 한다고 말씀드렸는데요, 로블록스는 플랫폼 안에서 유통되는 테마들을 유저가 직접 재창조하는 메타버스인 거죠.

편 로블록스 사용자는 얼마나 되나요?

안 정확한 숫자는 잘 모르지만, 실제 활동하는 월간 이용자 수가 1억 5천만 명가량 된다고 알고 있어요. 이 사람들은 단순하게 가입만 한 게 아니라 실제 로블록스를 통해 테마를 만들고 이용하는 활성화된 유저의 수를 말하는 거죠. 전 세계 50명 중에 한 명은 로블록스를 열정적으로 이용하는 사람이라고 봐도 무방한 수치입니다.

편 우리나라 기업들이 제일 많이 이용하는 플랫폼은 뭔가요?

안 기업들은 게더타운Gather Town을 제일 많이 사용하고 있어요. 게

로블록스 스튜디오 출처: 로블록스 공식 유튜브 계정

더타운은 '협업'이라는 현실의 개념을 메타버스화한 플랫폼인데, 2D 도트 그래픽을 기반으로 하고 있죠. 저는 이 협업이라는 가치를 가상공간에서 구현하기 위해 가장 단순한 그래픽을 채택했다는 점에서 높게 평가하고 싶어요. 사실 메타버스 하면 화려하고 실제와 같은 그래픽에 휘황찬란한 배경과 진짜 사람 같은 캐릭터들을 상상하거든요. 그런데 게더타운은 우리가 어릴 때 오락실에서 플레이하던 게임들의 그래픽과 크게 다르지 않아요. 그렇기 때문에 오히려 협업 툴이라는 가치를 손상하지 않으면서 메타버스적 정체

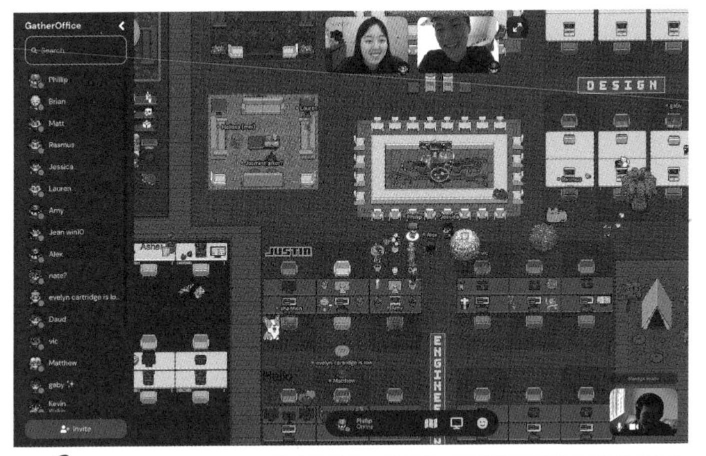

 기능에 충실한 게더타운

출처: 게더타운 공식 홈페이지

성을 잘 유지했다고 생각해요. 협업에 정말 필요한 음성 대화, 파일 공유 등의 기능과 간단한 맵 커스텀 요소만으로도 메타버스라고 불릴 수 있는 이유는 줌이나 구글 미트 같은 플랫폼과는 달리 가상공간이 있고 그 안에서 내가 활동할 수 있다는 점이죠. 저는 그래서 게더타운이 가장 메타버스의 본질을 훼손하지 않으면서 목적성도 잘 살린 플랫폼이라고 생각해요. 낮은 그래픽 리소스로 접근성을 높인 것 또한 그렇고요.

메타버스는 앞으로 어떻게 변할까요?

편 현실의 모든 것들은 메타버스에서 실현이 가능하다고 말씀해 주셨어요. 메타버스는 앞으로 어떻게 변할까요?

안 메타버스의 실감 현실을 가능하게 해주는 HMDHead Mounted Display라는 기계가 있어요. 이걸 사용해야 내가 진짜 그 장소에 간 것 같은 느낌이 드는데, 이게 어지럼증이 와서 오래 못 써요. 무게감도 있고, 간혹 어떤 환경은 현실과 너무 달라서 몰입감이 떨어지기도 하고, 이걸 쓴다는 것 자체가 부자연스럽기도 하죠. 그래서 자연스럽게 정보를 교류하면서 가상과 현실이 거의 구분되지 않는 MRMix reality, 혼합현실 환경으로 이 HMD 관련 기술이 더 발전하게 될 거예요. 앞으로는 일반적인 안경 형태로 착용할 때 거부감이 거의 없고, 안경이 모니터가 돼서 정보를 인식하는데 상당히 실감 나는 거죠. 대화를 나눌 때 상대방의 페이스북이나 정보가 나한테 알려지면서 캐릭터들이 보이는 거예요. 이러한 체감이 내 생활 속에서 이루어지겠죠. 이런 형태로 메타버스가 발전할 거로 예상해요. 기술과 기계의 발전에 의해서 충분히 가능해질 거고요. 이미 페이스북도 메타Meta Platforms로 이름을 바꿨잖아요. 앞으로의 전략을 구체적으로 설명하진 않지만, 커뮤니케이션 활동의 끝판왕을 보여주려고 준비하는 것 같아요. 사람을 실제로 만나서 커뮤니케이션하고 있는 느낌을 주면서, 최대한 이질감을 없애는 동시에 몰입감을 최상위로 끌어올리려고 하는 거죠. 오큘러스라는 HMD도 갖고 있기 때문에 호환성을 살려서 가상이라는 정의를 상당히 끌어올릴 것 같아요. 이런 식의 발전을 거듭하면서 현실인지 가상인지 구분하기 어려운 세상으로 발전할 거예요.

편 그렇다면 미래에는 메타버스에 어떻게 접속하는 거죠?

안 앞에서 언급한 HMD 같은 메타버스 장비들이 매우 발전할 거

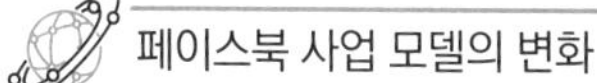
페이스북 사업 모델의 변화

예요. 우리가 흔히 사용하는 마우스나 키보드가 없어도 음성으로 컴퓨터와 대화하게 될 거고요(NUI Natural User Interface). 우리 눈이 사물을 보고 판단하지 않아도 인공지능 렌즈가 어떤 사물인지 나에게 알려줄 거예요. 이런 기술들이 메타버스 세상에서 현실과 가까운 환경을 만들어주고 가상과 현실을 구분하기 어렵게 만들죠. 그 다음은 뭘까요? 입/출력 장치 없이 '생각'만 해도 메타버스 세상 속에서 살게 되는 거예요. 그래서 메타버스 분야에는 뇌과학자들이 많이 종사하고 있어요. 실제로 미국의 전기자동차 회사 대표로 유명한 일론 머스크 Elon Musk는 뉴럴링크라는 회사를 설립하고 뇌에 컴퓨터 칩을 심은 원숭이가 생각만으로 컴퓨터 게임이 가능한 기술을 성공했죠. 생각만으로 메타버스에서 활동하게 되는 거예요.

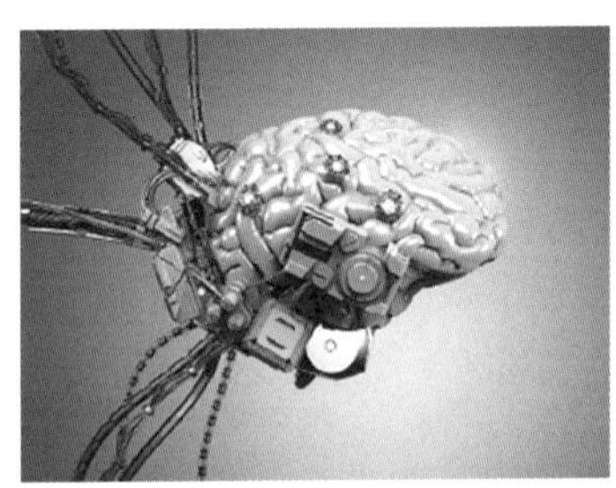

생각만으로 비디오 게임을 하는 원숭이 (2021.4 Neuralink)

편 전 세계 사람들이 가장 많이 사용하는 플랫폼인 유튜브나 인스타그램도 그런 식으로 바뀌어 가겠네요.

안 그렇게 변화할 수밖에 없어요. 〈놀면 뭐하니?〉라는 프로그램의 유재석 씨를 보면 다양한 캐릭터로 움직여요. 그 캐릭터로 활동할 때는 정말 그 사람이 된 것처럼 행동하고, 주변에서도 그 캐릭터의 이름으로 불러주죠. 부캐라는 개념이 너무 자연스러워졌어요. 아바타로 자신의 부캐를 만드는 활동이 아이들 사이에서는 이미 유행하고 있고요. 이걸 멀티 페르소나Multi-Persona라고 하는데, 자아를 단수가 아닌 복수로 보고, 사람은 그 사람이 만나는 사람의 수만큼의 자아를 가지고 있다는 거예요. 가족과 있을 때의 나, 회사에서의 나, 친구들 사이에서의 나는 분명히 다르거든요. 그런 것들을 메타버스라는 공간 내에서 아바타라는 구체적인 캐릭터로 활성화시킬 수 있으니까 메타버스 활동의 저변에는 멀티 페르소나라는 심리적인 활동이 이루어지고 있는 거죠.

인간의 내면에 이미 메타버스의
요소를 갖고 있는 거네요.

편 인간의 내면에 이미 메타버스의 요소를 갖고 있는 거네요.

안 제가 제일 하고 싶은 얘기가 이거예요. 고무손 실험Rubber hand illusion, 고무손 착각 현상이라는 게 있어요. 감각의 확장과 디지털 경험에 대한 실험인데요. 진짜 손은 눈에 보이지 않게 가리고 눈앞에다 고무손을 놓아요. 그리고 고무손과 진짜 손을 붓으로 문질러요. 그러면 사람은 눈앞에 보이는 고무손의 감각이 자기 거라고 착각해요. 그러다가 고무손을 뾰족한 걸로 찌르면 사람은 순간 자신의 손이 찔린 거로 착각해서 통증을 느끼죠. 내가 바라보는 시각이 촉각과 융합되어 나의 감각인 것처럼 느끼는 실험인데요. 우리가 흔하게 겪는 착시뿐 아니라, 촉각에서도 인간은 이런 착각을 일으키는 거죠. 그래서 저는 어떤 착각을 일으키는 요소가 현실적인 감각을 대체할 수도 있다고 생각해요.

편 인간에게 내재된 어떤 요소가 최첨단 기술로 구현이 된 거네요.

안 그렇게 보는 게 맞죠. 그럼, 현실은 도대체 뭘까요? 지금 우리가 현실에 있다고 생각하시나요? 가끔은 아닐 수도 있다고 생각하지 않으세요? 특히 〈매트릭스〉라는 영화를 보면 더 그런 생각이 들어요. 통 속의 뇌라는 실험이 있어요. 우리의 몸에서 뇌만 분리해서 통속에 넣고 생명을 유지하게 한 후에 우리가 나누는 대화나 여러 가지 외부의 자극을 전기신호로 뇌에 보내면, 뇌는 자신이 직접 몸으로 보고 듣고 말하고 느낀다고 착각을 일으킨다는 거예요. 우리가 이 통속의 뇌가 아니라는 것을 증명할 수 없는 것처럼, 지금이

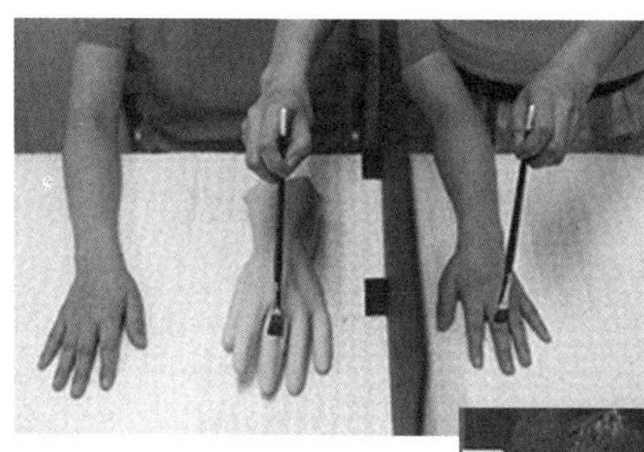

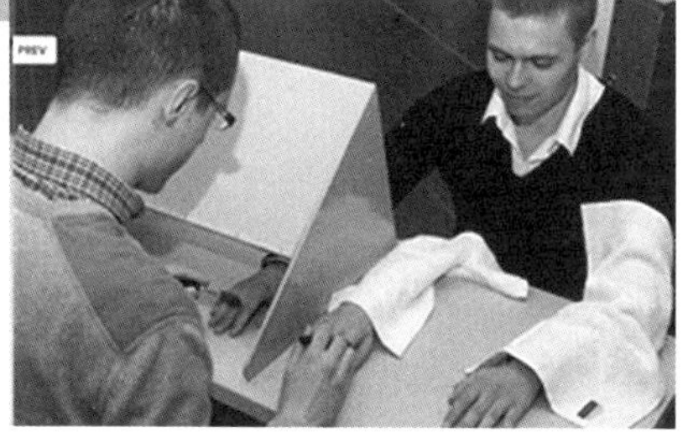

고무손 실험 출처: The Science Times

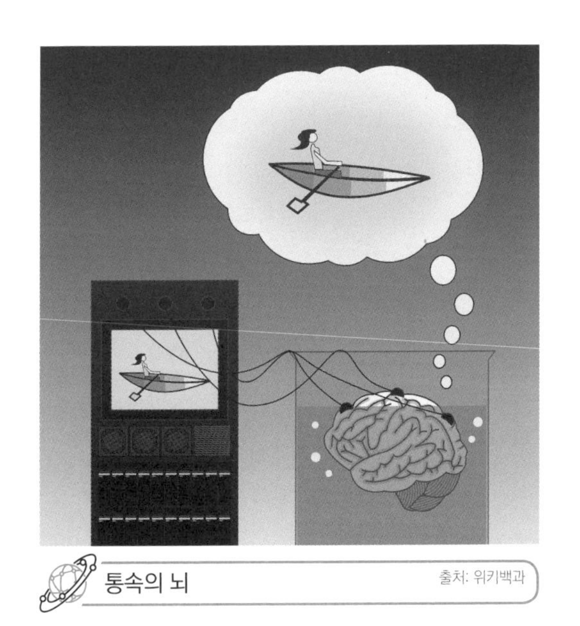

통속의 뇌 출처: 위키백과

실제 세계인지도 알 수 없다는 주장인데요. 뇌에 자극을 줘서 현실로 느끼게 하면, 이 뇌는 자기가 직접 활동하고 있는 하나의 존재인 거예요.

시뮬레이션 다중우주를 주장하는 사람이 있어요. 우리는 지금 메타버스를 얘기하고 있지만 이미 이 세상 자체가 메타버스로 이루어져 있다는 거죠. 사람이 그걸 못 느끼고 있을 뿐이고, 양자역학이라든가 어떤 과학적인 근거에 의해서 증명되고 있다는 주장이

브라이언 그린의 다중우주론 출처: 우주라이크 공식 홈페이지

에요. 일론 머스크도 이 세계가 현실이 아닐 확률이 높다고 얘기하고 있어요. 지금 눈앞의 모든 것은 현실이 아닐 확률이 높고, 사실은 정보로만 존재하기 때문에 이 정보를 습득하고 해석하는 프로그램만 돌아가면 사람은 그걸 현실이라고 느끼는 세상이 존재한다는 거죠. 시뮬레이션 다중우주에서 주장하는 이론이에요.

스타크래프트Star Craft 같은 게임을 보면 맵Map이 있잖아요. 내가 가지 않은 곳은 까맣게 표시되지만, 내가 간 곳은 밝게 표시돼요. 컴퓨터가 모든 걸 시뮬레이션하면, 컴퓨팅 요소나 자원을 너무 많이 써서 컴퓨터가 심하게 돌아가야 돼요. 하지만 가지 않은 곳을 활성화하지 않으면 정보는 있지만 보이지 않는 상태가 되는 거예요. 그렇게 해서 컴퓨터가 많이 안정되죠. 즉 보이는 것만 실체고, 보이지 않는 것은 정보로만 존재하는 거예요. 정보로만 존재하다가도 보는 순간 동작을 하죠. 이게 양자역학에서 말하는 거예요. 조금 어려운 얘기인데요. 통속에 있는 고양이로 좀 더 쉽게 설명이 될 것 같아요. 양자역학에서 보면 통 속의 고양이가 방사능에 노출됐을 때, 고양이가 죽을 수도 있고 안 죽을 수도 있는데 이건 확률적인 수치로만 존재해요. 이 통을 닫아서 더 이상 고양이가 안 보이면, 10분 뒤에 고양이가 어떻게 됐는지는 가능성만 갖고 있는 거예요. 그래서 이게 멀티버스로 발전하는데요. 고양이가 살아있는 우주가 있을 수 있고, 고양이가 죽은 우주가 있을 수도 있어요. 하지만 관찰하기 전에는 알 수 없잖아요. 관찰에 의해서 결론이 나기 전까지는 확률적인 여러 가지 가능성을 다 갖고 있다는 거죠.

장자가 말하는 '호접지몽'도 마찬가지예요. 나비의 꿈을 너무 생생하게 꿨는데, 내가 나비 꿈을 꾼 것인지 나비가 내 꿈을 꾸고 있는 것인지 모른다는 거잖아요. 인간은 이미 이렇게 태어났어요. 그래서 메타버스가 가상인지 현실인지 착각할 정도로 실감형으로 발전하더라도 사람은 거기에 적응하고 익숙해지겠죠. 생각해 보면 무서운 세상이 되는 거예요. 그래서 저는 메타버스에서 중요한 건

장자의 호접지몽 "우리는 어떤 가상에서 살아갈 것인가"

출처: 위키백과

실감형 콘텐츠보다 그걸 떠받치는 세계관이라고 생각해요. 어떤 세계에 존재하게 만들 거냐는 질문이 중요하죠. 걱정이 하나도 없는 유토피아적인 세계를 만들 수도 있고, 모험이 충만한 세계도 만들 수 있어요. 원하는 곳에서 얼마든지 살 수 있게 되겠죠. 어떤 세계를 만들 것인지, 현실과 어떻게 교류할 것인지, 어떤 경제 활동을 하면서 살 건지 등 메타버스 세계관의 기획이 굉장히 중요하다고 생각해요.

메타버스전문가의 세계

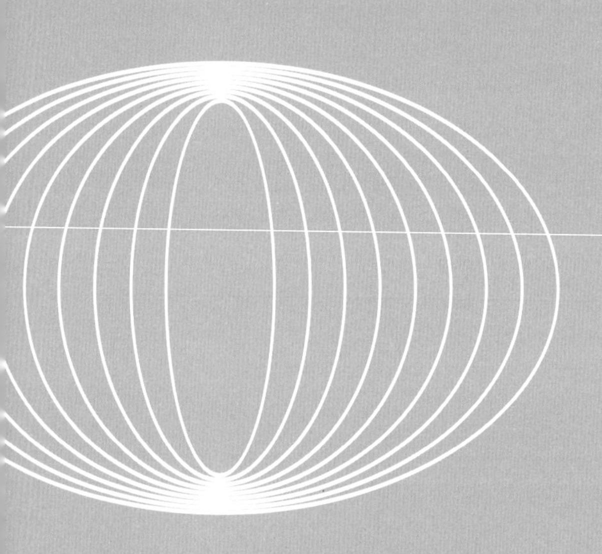

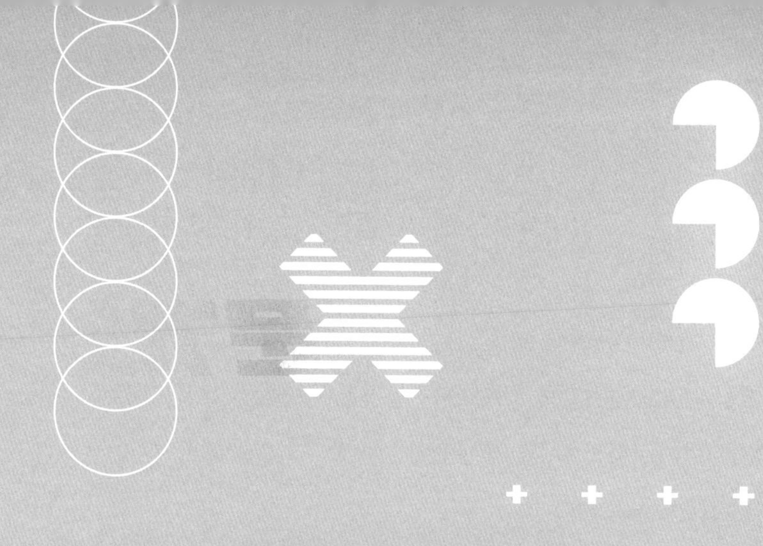

META
VERSE

빅데이터와 메타버스는 어떤 관련이 있나요?

편 대표님은 예전에 빅데이터전문가로 일하셨어요. 데이터전문가에서 메타버스로 분야가 바뀌었는데, 빅데이터와 메타버스는 어떤 관련이 있나요?

안 저는 미래의 모든 산업은 데이터가 좌지우지한다고 생각해요. 데이터가 모든 산업을 이끌어갈 수 있는 원천 자원이죠. 데이터 자체가 산업이라기보다는 이 데이터가 어디에서 생기고 어디에 쓰일 수 있는지 알아야 해요. 저는 데이터를 전문으로 하던 기업인으로서 그 양쪽을 자연스럽게 고민하기 시작했어요. 데이터가 많이 쓰이는 대표적인 분야가 바로 인공지능이에요. 인공지능은 개인지 고양인지 레이블링한 정답지 데이터를 축적해서 '딥러닝Deep learning' 같은 인공지능 알고리즘을 통해 개와 고양이를 판단하게 하는 거예요. 이런 식으로 전문가로부터 확보한 데이터로 딥러닝 과정을 거치면 폐암인지, 간암인지, 아니면 단순 종양인지도 알 수 있게 되죠. 즉 데이터를 통해 인공지능 의사가 만들어지는 거예요. 데이터가 이렇게 쓰일 수 있죠.

그러면 그 데이터를 확보하는 방법은 뭐가 있을까를 거꾸로 고민해야죠. 사람의 생활 패턴이나 기록, 그 사람의 생각에 대한 데이터를 고민하면서 접근하다 보니 메타버스라는 공간이 굉장히 흥미롭다고 생각했어요. 게임에서 사람의 진정성이 드러난다는 건 이미 알고 있는 학설이었거든요. 그러면 면접에서도 한 사람의 진정성을 알 수 있겠다고 생각하게 됐죠. 그리고 사람들은 자신의 건강 정보를 생각보다 잘 얘기하지 않아요. 하지만 그런 데이터가 모이면 개인 맞춤형으로 의료 서비스를 제공할 수 있거든요. 이 사람의 생활 습관, 그동안 갖고 있던 질병, 가족력, 라이프 스타일, 운동 습관 등 이런 모든 활동이 IT 플랫폼인 메타버스에서는 반드시 로그가 남아요. 그래서 데이터전문가로서 메타버스의 매력에 눈을 뜬 거죠.

메타버스는 업무 분장을 어떻게 하나요?

편 메타버스는 업무 분장을 어떻게 하나요?

안 일반적인 흐름만 알면 나머지는 언제든지 필요한 사람이나 필요한 요소를 모을 수 있어요. 앞에서도 잠깐 말씀드렸지만, 서비스 기획이 필요해요. 기획자가 플랫폼을 만드는데 로블록스나 제페토보다 더 발전한 형태로 만들 것이냐, 아니면 저처럼 단순한 서비스를 론칭해서 사용성을 좀 더 확보할 것이냐를 정해야죠. 그 단계에서 세계관이 들어가고, 그 세계관을 구현하기 위한 기술이 뭔지를 생각해야 해요. 만약 게임에 가까운 기획이라면 유니티 개발자가 필요하고요. 캐릭터, 아바타, 안에 들어가는 각종 공간들의 디자인 요소가 필요하면 3D 개발자들과 디자인 감각이 있는 리더들이 공간과 세계를 창조하는 과정이 필요해요. 메타버스 안에서 영화를 같이 본다고 하면, 동영상이 플레이되는 기술을 담아야 되니까 그런 소프트웨어를 또 개발해야 되고요. 그 안에서 움직이는 동작들, 발생하는 데이터들을 관리하는 업무를 위해서 코딩 개발자도 필요해요. 이런 다양한 전문가들의 협업에 의해서 하나의 플랫폼이 만들어집니다.

보물찾기 메타버스 제작 과정에서의 업무 분장

팀	주요 업무	담당 업무
기획팀	콘텐츠 기획자	보물찾기 플랫폼 내 들어가는 모든 시나리오 및 콘텐츠 구현화 모델 기획
	시스템 기획자	보물찾기 플랫폼 데이터 교환 구조 및 미니게임 시스템 기획. 랭킹, 소셜 등 시스템 기획
	서비스 기획자	보물찾기 플랫폼을 활용한 사업 모델 및 서비스 기획
개발팀	AR 개발자	AR 코어 기술을 활용해서 촬영되는 실제 공간에 플로팅 되는 AR 콘텐츠의 최적화 및 시스템 구조 제작
	AI 개발자	보물찾기 시나리오 매칭 알고리즘 제작 및 발생한 유저 데이터를 바탕으로 개선 모델 제안 구조 제작
	서버 개발자	보물찾기 플랫폼 전체의 서버(유저, 시나리오 아카이브 등) 설계 및 데이터 교환 구조 정립
디자인팀	3D 그래픽	보물찾기 내 AR로 플로팅 되는 오브젝트 리소스 제작 및 관리
	2D 그래픽	보물찾기 내 2D 이미지, 삽화, 인포그래픽 등 리소스 제작 및 관리
	UI/UX	유저 편의성 측면에서 인터랙티브 디지털 콘텐츠(웹, 모바일) 반응형 UI 제작 디자인 및 프로토타이핑

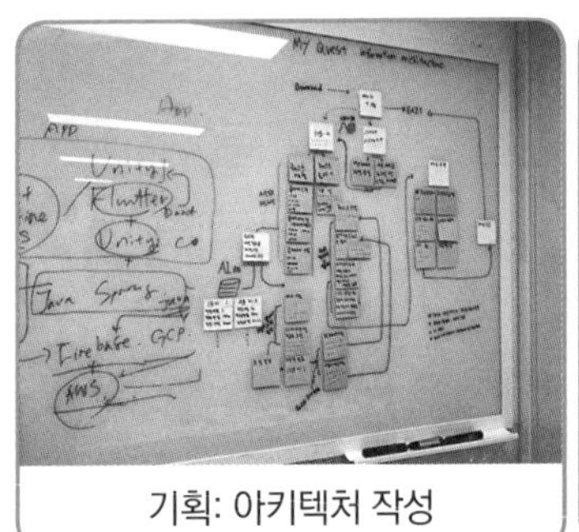

기획: 아키텍처 작성

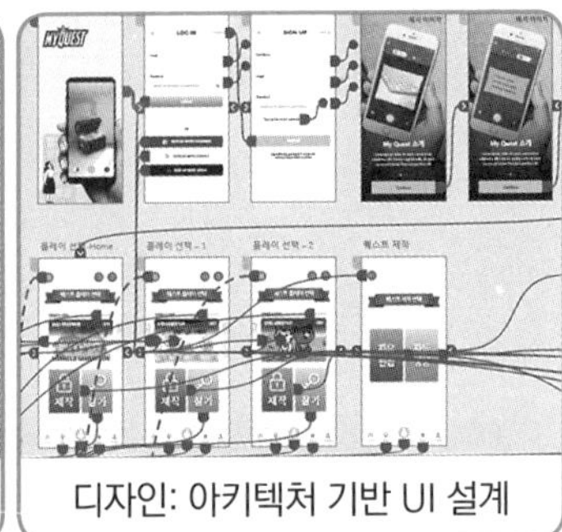

디자인: 아키텍처 기반 UI 설계

개발: 동작이 가능한 플랫폼 개발

데모 플레이

편 보물찾기의 개발에 참여하신 분들이 궁금해요.

안 저희가 개발 중인 보물찾기의 경우는 제가 기획을 했어요. AR 게임 요소가 필요해서 AR 게임을 만들기 위한 모바일 개발자와 유니티 개발자가 투입됐죠. 그리고 그 게임이 더 재미있고 흥미롭도록 이야기를 만드는 스토리텔러가 있어요. 전체적인 스킨과 캐릭터들을 디자인하는 3D 개발자들, 사용자 관리나 로그인 정보, 쿠폰, 사용자의 행동 데이터 분석 등 플랫폼의 백오피스 업무를 위한 코딩 개발자도 투입되었고요.

편 서로 업무가 명확하게 구분되어 있나요? 기획자, AI전문가, 3D 개발자 등이요.

안 두세 명 있는 회사에서는 디자인을 하는 사람이 게임 개발도 하겠지만, 보통은 업무 분장이 정확히 되어 있어요.

편 메타버스를 통해 새롭게 등장한 직업이 있을까요?

안 방금 말씀드린 건 플랫폼 서비스를 개발하는 입장에서의 직업이에요. 그런데 플랫폼을 이용하는 사용자 입장에서의 직업이 새로 등장했는데, 예를 들면 아바타 패션디자이너예요. 이모티콘 개발자와 비슷하죠. 카카오톡은 플랫폼은 열었지만, 이모티콘은 카카오가 만드는 게 아니라 누군가가 만들어서 올리면 수수료를 받는 형식이잖아요. 메타버스 안에서도 헤어스타일이나 액세서리, 가방, 옷 같은 걸 디자인해서 올리는 사람들이 생겼어요.

편 사용자들이 아이템을 만들어서 올릴 수 있도록 플랫폼이 제작 시스템까지 제공하더라고요.

안 제페토나 로블록스도 빌더들이 있어요. 아바타나 캐릭터, 소품, 공간을 만드는 빌더들을 위한 플랫폼을 같이 제공하죠. 예를 들어 건축을 할 수 있는 빌더가 있다면, 경찰서도 만들고 놀이공원도 만들어서 올려놓는 거예요. 플랫폼에서 서비스 제작 기능을 제공하기도 하지만 의뢰하기도 해요. 어떤 콘셉트의 호텔을 지어달라고 하면 그걸 만들어주는 사람이 플랫폼 안에 있는 거죠. 그리고 메타버스 드라마 PD가 생겼어요. 복잡한 게 아니라 메타버스 안의 캐릭터를 가지고 스토리텔링해서 드라마를 찍는 거예요. 캐릭터들의 활동에 드라마 요소를 넣으면 한 편의 드라마가 나오기도 하는데, 그걸 전문으로 하는 PD가 생긴 거죠. 이런 식으로 직업군이 생긴다면 메타버스 안에서 진짜 직업 경찰이 생길 수도 있을 것 같아요. 왜냐하면 이 안에서 범죄가 실제 벌어지니까요. 메타버스 안에서 경찰이 되거나, 놀이공원만 전문으로 만드는 메타버스 놀이공원 건축가가 되거나 하는 식으로 상상하는 것들이 직업으로 탄생할 거예요. 확장성이 좋아요.

메타버스전문가들의 업무 강도는 어떤가요?

편 메타버스전문가들의 업무 강도는 어떤가요?

안 방금 설명해 드렸던 직업들은 대부분 자기가 원하는 시간에 일하는 특징이 있어요. 그래서 업무 형태나 근무 시간에 자유가 있는 직업군들이죠. 개발자의 경우, 전에는 3D 직종이라고 해서 밤새워서 힘들게 일하는 열악한 환경이었거든요. 하지만 요즘에는 노동법이 있어서 그렇게 일을 못 시켜요. 물론 서너 명 정도가 열정으로 도전하는 스타트업 같은 경우는 자발적으로 밤을 새우기도 한다고 들었어요. 그건 회사에서 원하는 게 아니라 성공을 위해서 스스로 하는 거예요. 보통 회사에 소속되어 일할 때는 일반적인 근무 시간을 그대로 따라요. 기업은 그렇게 할 수밖에 없고요. 서로 스케줄을 조정해서 하니까 일하는 강도는 일반 사무 직종과 크게 다르지 않아요.

그런데 게임 개발자들이 오늘 이걸 해내지 않으면 머릿속에 있던 것들이 증발할 것 같아서 밤을 새워서라도 끝내려고 하는 특성이 있어요. 창작에 가까운 일들이 많은 개발자들은 밤을 새워서 일하려고 하는 경우가 많아요. 밤새 일하고 아침에 초췌한 모습으로 "오늘은 쉴게요." 말하죠. 그리고 플랫폼이 잘 운영되려면 절대 멈추면 안 되거든요. 서비스가 장애 없이 잘 돌아가고 있는지, 너무 느려지거나, 잘 안되는 기능은 없는지 확인하고 운영해야 하는 책임이 있어요. 이런 운영이나 모니터링 업무는 24시간 계속되니까 교대로 하겠죠. 어느 분야나 마찬가지겠지만, 어떤 업무에 노출되느냐에 따라서 업무 강도는 차이가 있어요.

개발자들이 사용하는 장비나 프로그램이 있을까요?

편 메타버스 개발자들이 사용하는 장비나 프로그램이 있을까요? 대부분은 컴퓨터 프로그램으로 작업하시죠?

안 어떤 걸 개발하느냐에 따라서 다릅니다. 일반적으로 컴퓨터를 사용하는 것은 맞지만 가정에서 사용하는 일반 컴퓨터보다는 고성능 컴퓨터(워크스테이션)를 사용해요. 왜냐하면 메타버스 작업에는 그래픽 요소가 많이 필요하기 때문에 다수의 GPU가 탑재된 규모가 큰 컴퓨팅 시설이 필요해요. 장비 외에 소프트웨어도 많이 필요하고요. 메타버스 시각적 요소들의 제작을 위한 디자인 소프트웨어부터 말씀드릴게요. 여러분이 많이 알고 있는 포토샵, 일러스트의 2D 디자인 프로그램들을 포함해서 메타버스 캐릭터와 공간 배경 그리고 그 외에 부수적인 것들을 모델링하기 위해서는 3Ds MAX, C4D, Blender라는 프로그램들이 필요해요. 메타버스 캐릭터에 동작을 주는 애니메이션 작업을 할 때는 Maya라는 프로그램이 필수적이고요. 그 외에도 어떤 모양을 만들어내면 그 위에 색칠을 해야겠죠? 그걸 텍스쳐링이라고 하는데, 사실적 질감이나 만화 같은 칠을 해주는 프로그램으로 섭스턴스페인터, 퀵셀 믹서, 마모

셋 3D, 3D 코트 등이 있어요.

그리고 최근에는 사실적인 3D 환경 구성을 위해 실존하는 물건을 3D로 스캔하고, 그 값을 컴퓨터에 넣어 제공해 주는 프로그램들이 있는데요, 대표적으로 퀵셀 메가스캔이라는 프로그램이 방대한 양의 3D 스캔 데이터를 보유하고 있어서 많이 사용하고 있어요. 그 외에 물리적인 시뮬레이션(물이 찰랑거리고, 불이 나고, 건물이 무너지는 물리 효과 등)을 만들게 해주는 폴란드의 전설적 마법사 이름을 딴 후디니라는 프로그램도 있어요. 그리고 요즘엔 캐릭터의 옷도 움직이잖아요? 우리나라에서 개발한 마블러스 디자이너는 옷의 움직임만을 전문적으로 시뮬레이션 해주는 소프트웨어예요. 이외도 많은 프로그램들이 메타버스 내의 시각적 요소와 물리적 효과 등을 만들어내는데 많이 사용되고 있죠.

이렇게 만들어낸 제작물들을 게임 엔진 소프트웨어에 합하여 사용자들이 컨트롤할 수 있게 해주죠. 대표적으로 사용되는 게임 엔진으로 언리얼, 유니티가 있는데요. 이 두 개의 게임 엔진은 각각 다른 특징을 가지고 있어요. 언리얼은 사실적인 이미지 공간을 구현하는데 용이하고, 유니티는 가볍고 친근한 만화 같은 비주얼의 모바일 게임을 구현하는데 많이 사용돼요. 그리고 메타버스를 위한 하드웨어 중에서 대표적인 것은 모션 캡처 장비인 퍼셉션 뉴런 스튜디오가 있어요. 예를 들어 메타버스 캐릭터가 BTS 댄스를 추게 하고 싶다면, 이 모션 캡처 장비를 달고 움직임을 데이터화해서 캐릭터에 적용시킬 수 있어요. 스포츠 게임 분야에서도 선수의 동작을 캡처해 데이터화하는데 많이 쓰이고 있죠. 그 외에도 내가 있는 공간에 캐릭터나 멀리 있는 친구를 옆에 있는 것처럼 구현해 주는 이미지 포털 장비도 있어요. 이 장비를 사용하려면 고품질의 영상을 담을 수 있는 고성능 카메라 장비와 대상을 입체적으로 비춰줄 조명들 그리고 인물 주위에 배경을 제거할 수 있는 크로마키라는 장비가 필요해요. 이런 전문적인 장비들은 매우 고가이기는 하

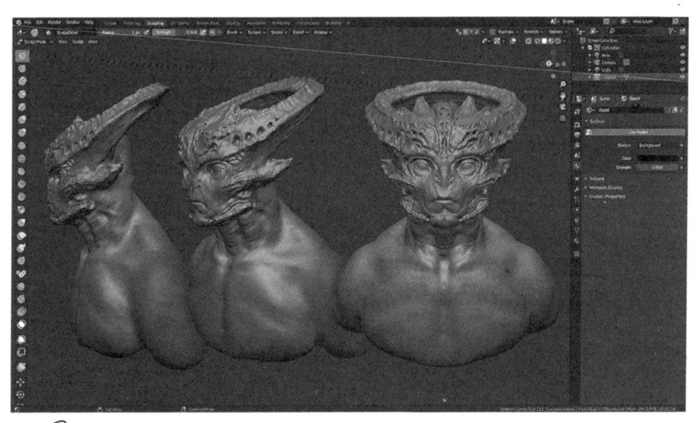

3D 모델링을 위해 사용되는 Blender

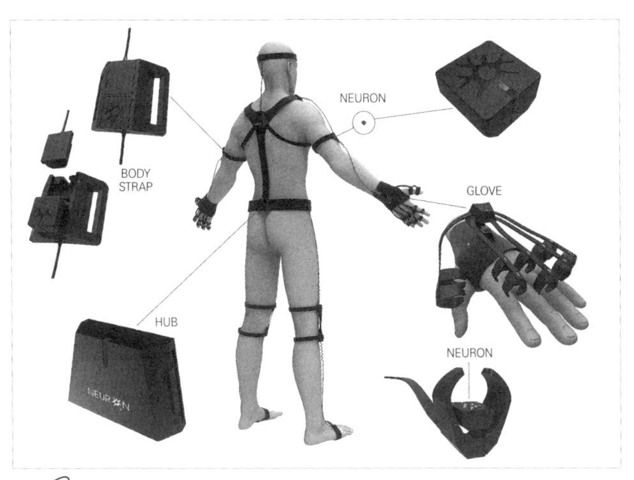

모션 캡처 장비 출처: NOITOM 공식 홈페이지

출처: Matterport 공식 홈페이지

디지털 트윈이 활용된 메터포트Matterport

지만 그만큼 고품질의 이미지 동영상 데이터를 추출하는데 필요한 설비들이에요.

편 프로그램 개발에 실패하신 적도 있나요?

안 빅데이터나 메타버스 분야에서 실패한 경험은 없어요. 다만 실패한 사례들을 본 적은 있죠. 제가 기획과 세계관이 중요하다고 하는 이유가 여기에 있어요. 그게 분명해야 그 안에 재미 요소가 붙고, 사람들이 계속 활동할 수 있게 만드는 흡입력이 생기기 때문이에요. 그런데 기술적인 측면으로만 접근해서 공간을 현실적으로 만들고 막대한 비용도 쏟았지만, 막상 유저들이 들어가면 할 게 없는 거예요. 그러면 투자 대비 서비스로 연결되는 과정이 없고 망하는 거죠.

메타버스를 '가상의 공간'이라고만 생각하는 사람들이 꽤 있어요. 그래서 박물관이나 미술관처럼 공간만 만들고 그림이나 작품을 걸어 놓는 거로 끝나는 거죠. 그걸 메타버스라고 하는데, 그건 그냥 모델하우스를 만든 것 밖에 안 된다고 생각해요. 그 공간에서 경제적인 활동이 생기고, 상호작용이 일어나서 부가가치를 창출할 수 있도록 제대로 설계해야죠. 그래야 지속될 수 있어요. 한 번 훑어보고 끝나는 곳은 사람들이 다시 들어갈 이유가 없는 플랫폼이 되거든요. 공간만 만들어 놓고 실패한 사례가 많아요. 특히 기업이나 공공기관들, 지자체의 경우가 그렇죠. 정책적으로 메타버스를 하라고 하니까 일단 가상공간을 만들어요. 들어가서 봤더니 재미는 있는데, 다시 들어갈 이유가 없는 거예요. 10~20억 원짜리 콘텐츠들이 전부 사장되는 거죠. 이런 사례가 많아요.

제일 큰 성취감을 느끼신 적은 언제인가요?

편 이 일을 하면서 제일 큰 성취감을 느끼신 적은 언제인가요?

안 앞에서 말씀드린 대로 보물찾기 서비스를 만든 거예요. 보물찾기는 비슷한 콘셉트의 게임이 꽤 있었어요. 그런데 저희 플랫폼을 특별하게 봐주고, 출시만 되면 쓰겠다고 하는 곳이 이미 열 군데가 넘어요. 제 생각이 틀리지 않았다는 확신을 갖게 됐죠. 그동안의 보물찾기 대부분은 어느 지역에 가서 한 번 찾으면 끝인 경우가 많았어요. 더 이상 변화가 없는 거죠. 보물도 늘 같은 곳에 있거나 가끔 장소나 위치가 조금 바뀌는 정도예요. 숨긴 사람과 찾는 사람 사이의 어떤 정서적 교류도 없었죠. 그런데 저희 플랫폼은 스토리에 집중했기 때문에 누구나 스토리를 만들 수 있고, 누구나 쉽게 참여할 수 있으면서 따뜻한 상호 작용이 가능해요. 새로운 스토리가 계속해서 생성될 수 있고요. 그래서 다들 참신하고, 사용자들이 지속적으로 사용할 수 있는 플랫폼이라고 평가해 주셨어요. 그러면서 광고가 붙고 플랫폼의 캐릭터들이 가치가 높아져서 NFT로도 가는 거예요. 이런 시장의 확장이 진행되고 있어요. 그래서 저는 제가 만든 보물찾기 플랫폼이 반드시 성공할 거라고 예측하고 있습니다.

편 '사람들이 이런 걸 느꼈으면 좋겠어.'라고 명확하게 생각하셨던 거네요. 숨기는 사람의 스토리가 들어갈 수 있게요. 부모가 아이에게 해주고 싶은 게 그런 거거든요.

안 엄마가 경주에 수학여행을 가는 아이에게 어느 장소에서 보물을 찾게 하고, 보물을 찾으면 그곳에 대한 이야기를 나누고, 또 다른 보물을 찾으면 용돈이 나와요. 이렇게 엄마가 만든 스토리텔링에 의해서 교육도 되고 용돈도 받는 거예요. 아이의 즐거움과 교육을 위한 엄마의 의도가 아이에게 그대로 전달될 수 있죠. 재밌는 상상도 있어요. 어떤 분은 남성 한 명과 여성 한 명이 일정한 스토리텔링에 의해 움직여서 만나는 미팅 플랫폼으로 쓰겠다고 하시더라고요. 저는 플랫폼을 제공했으니까 사용하는 사람에 따라서 그 의미가 무한대로 다양해지는 거죠.

편 플랫폼의 확장성이 가지는 힘이 대단한 것 같아요. 사람들이 의미를 부여하면서 플랫폼 위에서 놀면 무한대로 확장되잖아요.

안 맞아요. 해외에 이런 사례도 있어요. 어떤 작가가 10억 원 정도 하는 보물을 특정 장소에 숨겨놨어요. 보물을 찾는 힌트는 그 작가의 책에 있는 거죠. 보물을 찾기 위해서 사람들이 책을 샀는데, 이 책으로 벌어들인 돈이 그 보물의 가치를 넘었어요. 사람들은 호기심이 정말 많아요. 제가 만든 보물찾기는 미션이기도 하고 스토리이기도 하고 도전이기도 해요. 하나의 스토리로 이 모든 걸 다 담을 수 있어요. 그리고 가상이니까 세계 어느 곳이든 가능하죠.

편 의미를 주고 싶은 사람과 의미를 알고 싶은 사람들이 자유롭게 다 만나는 플랫폼이네요.

안 저는 이 일을 하면서 행복을 느껴요. 제가 데이터를 다루는 사람의 관점에서 접근을 했더니 서비스가 보였잖아요. 사실 데이터만 했을 때는 이런 서비스까지는 생각 못 했는데 메타버스를 결합시키니까 서비스가 기획이 되고, 실행 단계까지 온 거거든요. 그 기간이 그렇게 오래 걸리지도 않았어요. 큰 비용이 들지도 않았고요. 출시를 앞둔 상황에서 시장의 반응도 느껴졌어요. 제가 상상했던 것을 설계하고 시도했는데, 그 과정이 재밌고 상상이 현실이 되는 걸 체험한 거예요. 거기에 돈도 벌 수 있고요. 그래서 무궁무진하다고 느꼈죠. '다음엔 뭐 하지?'라는 상상이 즐겁고, 이런 것들을 공유하고 싶어요.

메타버스를 본격적으로 시작하신 건 언제부터예요?

편 메타버스를 본격적으로 시작하신 건 언제부터예요?

안 제가 설립한 미소정보기술은 2006년부터 데이터 사업을 해왔고, 특히 데이터 관련한 인공지능 전문 회사로 발전했어요. 저는 데이터의 결합이 중요하다고 보거든요. 데이터와 데이터의 결합도 있지만, 제가 관심이 많았던 건 데이터와 콘텐츠의 결합이었어요. 데이터를 활용하면 어떤 콘텐츠가 나올지, 이 콘텐츠로 인해 어떤 데이터가 발생할지에 대해서 늘 생각했죠.

그러다 동네에서 3년 정도 가깝게 지내는 동생에게 무슨 일을 하냐고 물어봤더니, 문화기술CT: Culture Technology을 활용한 디지털 사이니지 사업을 하더라고요. 삼성역에 파도치는 스크린이 있는데, 디스트릭트d'strict라는 회사가 그걸로 성공해서 유튜브에 소개됐고, 뉴욕 타임스퀘어에 디지털 폭포를 만들기도 했죠. 그게 디지털 사이니지예요. 그런 장르를 연출하냐고 물었더니 맞다고 하더라고요. 그러다 우연히 자신이 감독한 작품을 보여줬어요. 면 자체가 울퉁불퉁한 하얀 조형물에 빔Beam을 쏘면 영상도 그렇게 보이겠죠. 사람의 착시를 이용해서 영상을 구부러뜨리는 소프트웨어를 이용

대형 건물을 대상으로 3D 미디어 아트 영상을 연출한 성수동 동생의 작품 (위: 서울시청 구청사 아래: 중국 강소성 상주시 중화공룡원)

하면 울퉁불퉁한 면이 영상 콘텐츠에 의해 산이나 뭡틀이 되는 거예요. 오히려 평면이면 연출이 불가능한데 스크린 면을 구겨서 입체적으로 보이게 해놨더라고요. 그게 너무 재밌게 다가왔어요. 그래서 데이터와 이걸 연결하고 싶다고 생각했죠. 그게 뭐가 될지 몰

랐지만, 분명히 좋은 결과물이 될 거라는 확신이 있었어요. 그래서 3년 전 12월에 회사를 합치자고 제안했고, 지금 같이 하고 있어요. 처음에는 뭐가 될지 모르는 상황이라 계속 디지털 사이니지 쪽으로 했었는데, 이미 거대 선수들끼리 시장을 나눠 먹는 구조라 수주가 잘 안되더라고요. 그러던 차에 작년부터 메타버스, 디지털 트윈이 급부상하면서 이쪽으로 방향을 잡게 됐어요. 장점은 개발 파트와 디지털 파트의 소통이 잘 되니까 다른 회사보다 개발하는 과정이 빨라요. 게임을 개발하는 회사에는 저희 같은 일을 하는 사람이 없고, 반대로 저희 같은 일을 하는 회사에는 게임을 개발하는 사람이 없거든요. 그런데 메타버스는 이 두 가지의 협업이 반드시 이루어져야 돼요. 이런 장점을 가지고 시작할 수 있었고, 현재는 저희 회사가 메타버스를 제일 잘할 수 있는 곳이라고 생각해요. 물론 제페토나 로블록스 같은 거대 플랫폼을 만들기는 현실적으로 버겁죠. 하지만 서비스 관점에서 플랫폼을 만드는 회사는 국내에 아직 없어요. 메타버스 무슨 서비스, 이런 건 아직 들어본 적이 없을 거예요. 플랫폼에 대해서만 많이 들었을 거고, 플랫폼 내에서 뭘 한다는 건 들어봤을 텐데 메타버스로 면접을 보거나 보물찾기를 한 적은 아직 없어요. 저희가 메타버스 서비스를 가장 먼저 출시하는 회사가 될 것 같아요. 메타버스를 우연히 하게 된 거지만, 그렇게 시

도시 데이터와 영상의 컬래버

소셜 데이터와 영상의 컬래버

이벤트 데이터와 영상의 컬래버

산업 데이터와 영상의 컬래버

'도시 데이터와 영상의 컬래버' 출처: TodayGate 공식 홈페이지

작했기 때문에 지금 메타버스 서비스를 할 수 있었다고 생각해요. 만약 작년에 메타버스에 대한 얘기가 나오면서 무언가 알아보기 시작했다면, 영상 디자인을 전문으로 하는 회사와 합치기도 어려웠을 거고 계속 소통만 하면서 개발은 시작도 못했을 거예요. 정말 운명적인 합병을 하게 된 거죠. 이 사건이 저희가 메타버스를 시작하게 된 계기가 됐어요.

처우나 복지는 어떤가요?

편 여기서 일하시는 분들이 받는 처우나 복지는 어떤가요? 철저하게 성과급 위주인가요?

안 메타버스 이전에 게임 개발자의 대우가 좋았다고는 볼 수 없어요. 큰 게임 회사에서 주요 역할을 하는 사람들은 고액의 연봉을 받는 성공 케이스가 있지만, 일반 게임 개발자들은 굉장히 열악했죠. 그런데 지금은 메타버스 때문에 그 차이가 거의 줄어들고 있는 상황이에요. 게임 개발자들에 대한 대우가 점점 좋아지고 있어요.

편 그럼 종사자보다 산업이 갑자기 커졌다는 의미인가요?

안 산업이 단시간에 갑자기 너무 커버린 거죠. 산업이 천천히 성장하면 여러 교육기관이나 사설 학원에 커리큘럼이 생기고, 몇 년 동안 인재가 육성이 되는데 지금은 당장 실무를 할 사람이 필요한 상황이 됐어요. 많은 기업들이 당장 훈련된 인재를 필요로 하니까 서로 뺏고 뺏기는 전쟁이에요. 그래서 저희 회사도 구인이 매우 힘들어요. 이 책을 보고 입사를 지원해 주면 좋겠어요.^^ 대우는 아주 좋아요.

편 전망이 좋은 직업이네요.

안 중고등학생들이 이 책을 보고 꿈을 가지게 된다면, 저는 적극적으로 추천해 주고 싶어요. 2022년 들어 글로벌 빅테크 기업인 마마MAMAA를 중심으로 메타버스 경쟁이 가열되고 있어요. 마마는 메타, 애플, 마이크로소프트, 아마존, 알파벳(구글 모회사)의 앞 글자를 딴 신조어예요. 블룸버그 인텔리전스에 따르면, 메타버스 시장 규모는 2020년 4,787억 달러에서 2024년 7,833억 달러로 크게 성장할 것으로 전망하고 있어요. 특히 메타버스는 인터넷의 진화로 불리기 때문에 데이터를 활용한 전자상거래와 광고 수익이 세 배나 더 큰 것으로 알려졌고요. 그 숫자들이 이 직업의 미래와 방향을

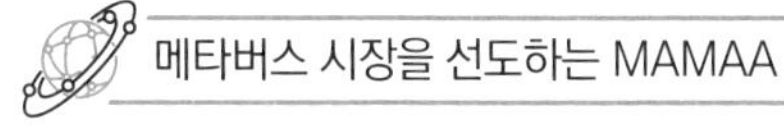
메타버스 시장을 선도하는 MAMAA 출처: 해당 공식 홈페이지

보여주는 거예요. 전망과 대우가 정말 좋습니다. 대신 저처럼 회사를 운영하는 입장에서는 힘들죠. 직업을 선택하는 입장에서는 좋은 조건들이 많고, 이 분야의 인재를 더 많이 필요로 하는 세상이 오고 있어요.

우리나라와 미국, 유럽의 기술 차이나 서비스 차이가 큰가요?

편 우리나라와 미국, 유럽의 기술 차이나 서비스 차이가 큰가요?

안 아쉬운 건 앞에서 말씀드린 언리얼이나 유니티 같은 게임 엔진인 것 같아요. 엔진을 갖고 있으면 좋을 것 같은데, 우리에게는 아직 이런 엔진이 없어요. 하지만 플랫폼만 본다면 우리나라도 거대 회사들이 있어요. 네이버에서 제페토를 만들어서 성공했고, SK도 이프랜드iFland라는 플랫폼을 만들었어요. 로블록스나 외국의 플랫폼에 비하면 아무래도 후발주자니까 지금은 뒤쫓아 가는 입장이지만, 어느 시기에는 우리가 충분히 앞설 것 같아요.

편 우리나라 기업들이 언리얼이나 유니티 같은 게임 엔진을 안 만드는 이유가 있나요?

안 한국 브랜드로 엔진이나 프로그램을 개발하면 해외에서의 인지도가 부족해서 내수만 이루어지는 경우가 많아요. 그런데 내수 시장만을 위해서 엔진을 개발한다는 건 배보다 배꼽이 더 큰 거거든요. 굳이 기업들이 돈을 들여서 개발할 이유가 없는 시장인 거죠.

게임 엔진 등은 세계에서 얼마나 사용하느냐가 중요한데, 한국산 소프트웨어는 아무래도 인지도가 떨어지는 것 같아요. 그러다 보니 자연스럽게 연구하는 사람이 적고, 당연히 원천 기술이 없는 순환이 이루어지는 거죠.

편 게임 엔진의 사용료는 어느 정도 되나요?

안 난이도가 굉장히 높은 소프트웨어 엔진이에요. 이걸로 우리가 하는 웬만한 게임이 다 만들어지거든요. 게임을 만드는 솔루션이기 때문에 복잡하고, 기술 집약적이에요. 이런 엔진을 우리가 갖고 있지 않다는 게 너무 아쉬워요. 언리얼은 자기네 엔진으로 만든 콘텐츠가 소비될 때마다 로열티Royalty를 받아요. 폭군에 가깝죠. 비용이 엄청나지만 어쩔 수 없어요. 그게 엔진을 쥐고 있는 자의 권력이에요.

편 어떤 회사에서 게임 엔진을 사용할 때, 프로젝트마다 지불하나요?

안 게임 엔진은 사용자 수로 사는 경우가 많아요. 개발자 수에 맞춰서 1년에 얼마씩 매년 지불해요. 개발자가 많을수록 더 많은 비용을 내야 되고, 그 사용료도 계속 받고 있는 거죠. 게임 시장만 있을 때도 엔진이 잘 팔렸는데, 지금은 몇 배가 늘어났잖아요. 그래서 그 회사가 엄청난 돈을 벌고 있습니다.

게임 엔진 사용료 (언리얼 엔진)

*2022년 기준

	가격	대상
표준 라이선스	무료	• 소규모 팀 또는 프로젝트 • 취미 사용자 학습
엔터프라이즈 프로그램	연 1,500달러	• 구매 또는 기술 지원이 필요한 기업 • 조직 로열티 없이 배포해야 하는 규격화된 비게임 인터랙티브 제품
맞춤형 라이선스	협상 가능한 조건	• 에픽의 기술 지원이 필요한 게임 개발자 및 퍼블리셔 • 수백만 달러의 매출을 예상하는 게임 프로젝트

게임 엔진 사용료 (유니티 엔진)

*2022년 기준

	가격	대상
Personal	무료	1년 동안 10만 달러 미만 시 가능
Plus	연간 479,000원(선불) 월간 48,000원	1년 동안 20만 달러 미만 시 가능
Pro	연간 2,160,000원(선불) 월간 180,000원	-

우리나라가 앞서 있는 분야는 어떤 건가요?

편 게임 엔진은 미국에서 독점하고 있는 거네요. 우리나라가 앞서 있는 분야는 어떤 건가요?

안 우리나라에서 만들었던 사이버 가수 '아담'이 있어요. 당시에는 미국이 만들었던 가상 캐릭터와 비교했을 때 기술 차이가 많이 났어요. 아무래도 소비되는 시장이 다르고 엔지니어링이 부족하니까 부자연스러운 느낌을 받았죠. 하지만 지금은 많이 극복했어요. 메타버스뿐만 아니라 우리나라의 K-pop, 영화, 드라마가 다 같아요. 요즘은 모든 분야에서 CG를 사용하는데, CG에 들어가는 기술이 전부 메타버스에도 그대로 활용되거든요. 그 갭이 많이 줄었고, 한국에서 만들었다고 하면 오히려 해외에서 더 관심을 받고 어떻게 만들었는지 궁금해하는 경우가 많아요. 그래서 저는 우리나라와 외국의 기술 차이가 거의 없다고 생각해요.

이제는 시장을 좀 더 글로벌하게 바라볼 수 있는 기회가 왔기 때문에 오히려 다른 나라들이 시도하지 않았던 것들을 우리가 시도해 보면 좋겠어요. 무언가를 시작할 때도 국내가 아니라 글로벌 시장을 보고 시도하는 게 좋을 것 같고요. 우리나라의 위상이 이제

그 정도는 되었다고 생각해요. 기술은 활용하는 사람의 능력 차이가 있는 것뿐이지 기술 자체는 거의 똑같아요. 우리의 콘텐츠를 좋아하고, 그걸 더 발전시키려는 시도들이 많아지고, 내부에서도 더 경쟁해서 수준을 올리고, 콘텐츠의 결과를 서로 비교하는 사회가 이미 생기고 있거든요. 우리나라 기획사들이 오디션을 보고 연습생들을 훈련시켜서 아이돌을 키우고 있잖아요. 처음부터 그런 시스템은 아니었어요. 하지만 그런 기획 문화가 대중의 접근을 쉽게 만들었고, 그 노력의 결과가 K-열풍으로 나타난 거예요. 기술력에 대한 차이는 거의 없고, 어떤 면에서는 오히려 우리나라가 훨씬 나을 수도 있어요. 저는 개인적으로 싸이월드Cyworld를 무척 기대하고 있어요. 다시 오픈하잖아요. 저는 페이스북보다 훨씬 훌륭하다고 느끼거든요.

편 어떤 면에서요?

안 페이스북을 생각하면서 '그땐 그랬지'라는 감성에 젖진 않아요. 하지만 싸이월드는 그런 정서를 갖고 있어요. 그러니까 방송에서도 그때의 BGM을 가지고 프로그램을 하는 거예요. 자신이 좋아하는 BGM을 깔고, 대문에 글귀도 적어 놓고, 자신의 공간을 꾸미면서 싸이월드 화폐인 도토리로 경제 활동을 했죠. 자신의 아바타도 있고요. 이게 완벽한 메타버스입니다. 메타버스 개념을 완벽히 보여주잖아요. 하지만 페이스북은 아니에요. 그냥 커뮤니티 게시판이죠. 싸이월드는 정서를 담고 있어요. 지금의 미디어 환경에서 메타버스로 승부한다면, 페이스북이 출시한 메타보다 훨씬 더 기대해도 좋을 것 같아요.

출처: Cyworld 공식 홈페이지

메타버스와 암호화폐로 돌아오는 싸이월드와 도토리

메타버스전문가로서 특별히 노력하시는 게 있나요?

편 메타버스전문가로서 특별히 노력하시는 게 있나요?

안 요즘 어떤 기술이 발전하고 있고, 어떤 하드웨어가 좋아지고 있는지 항상 모니터링을 해요. 좀 독특한 습관이라면 일상을 정의 내리는 버릇이 있어요. 우리가 늘 일상적으로 해오던 일들은 보통 당연하게 여기고 넘어가는데, 저는 그것들을 하나하나 정의 내려요. 아침에 일어나서 하는 행동들은 '씻기', '먹기' 이렇게 정의 내리고, 일할 때에도 '글쓰기', '그리기' 등으로 정의 내리는 습관이 있어요. 왜냐하면 오프라인에서 당연하게 일어나는 일들을 메타버스 서비스로 옮길 때에는 각 행위들에 정의가 내려져 있어야 해요. 그래서 그런 습관이 생긴 것 같고, 실제로 이런 노력을 하면 메타버스 개발에 도움이 돼요. 이런 습관에서 아이디어를 얻어서 발전시킨 게, 지금 개발하고 있는 메타버스 면접과 보물찾기거든요. 내가 당연하게 하는 일상의 행동들을 정의 내리는 건 초등학생이나 중고등학생들도 충분히 할 수 있는 거잖아요. 지금부터 시작하는 상상을 메타버스에서 구현할 수 있는 시점이 되면 스타트업으로 이어질 수 있어요. 시간이 갈수록 기술은 더 좋아질 거라서 여러 명이 아니어도 혼자 가능할 거예요. 충분히 혼자서 론칭도 할 수 있어요. 방송국을 개인이 할 수 있다고 누가 상상했어요? 하지만 지금 유튜브라는 플랫폼에서 개인이 방송을 하고 콘텐츠를 소비시키고 돈도 벌잖아요. 그런 세상으로 전환될 거예요.

편 메타버스전문가의 일과가 궁금합니다.

안 저는 시간으로 나누어지는 일과보다는 어떤 시간을 보내는지 소개해 드리고 싶어요. 다른 IT 회사들도 그렇겠지만, 저는 메타버스를 만드는 사람들은 특히 협업이 중요하다고 생각해요. 협업이라는 게 모든 구성원이 동시에 일을 시작해서 마치는 총량적인 개념의 접근이 아니라 얼마나 많이 소통하는지가 중요하거든요. 시간표로 일과를 나누는 것도 가능하겠지만, 제가 말씀드리고 싶은 부분은 시간을 어떻게 사용하는가가 중요하다고 생각해요.

저희 회사의 메타버스 제작자들은 플랫폼 개발을 할 때, 전체적인 데드라인과 틀은 정해져 있지만 그 타임라인 안에서 유기적으로 일을 하거든요. 예를 들어서 오늘까지 새로운 콘텐츠의 기획과 비주얼 콘셉트 작업을 완료해야 하는데 작업이 막히는 경우가 있어요. 그럴 땐 오늘이 마감일이어도 모든 전자기기는 꺼버리고 가까운 카페나 비어있는 회의실에서 담소를 나누기도 합니다. 저는 이런 과정도 브레인스토밍의 하나라고 생각하거든요. 물론 이런 업무 방식이 가능한 이유는 기본적인 제작 스킬은 모두가 전문가이기 때문이지만요. 이런 식으로 주어진 시간 안에서 다소 자유로워 보여도 모두가 같은 방향을 바라볼 수 있는 업무 방식을 취하기 위해 노력하고 있죠. 저는 이런 게 메타버스전문가가 시간을 쓰는 방식에 있어서 다른 직업군이나 개발자와의 차이점이라고 말씀드리고 싶네요.

또 한 가지는 새로운 구성원이 도착하면 그 사람에 대해서 모두가 공유하는 시간을 가져요. 메타버스는 세계관이 아주 중요하다고 말씀드렸죠? 저희 회사의 뉴미디어본부(메타버스 주관 부서)에 새로운 사람이 입사하면 '나의 세계관'이라는 주제로 소통하는 시간을 반드시 마련하죠. 메타버스를 제작하는 사람의 세계관을 이해하는 것이 메타버스 개발의 시작이니까요.

멘토나 존경하는 인물은 누구인가요?

편 대표님의 멘토나 존경하는 인물은 누구인가요?

안 스티븐 스필버그 감독을 정말 좋아해요. 늘 기발하고 새로운 도전을 많이 해서 이분의 상상력은 어디까지인가 놀라게 되는 것 같아요. 스필버그 감독의 영화를 통해서 '저런 세상도 있구나.'라는 감탄을 했죠. 새로운 세상을 많이 보았고, 그 안에서 모험도 했어요. 그의 영화를 통해 어린 시절부터 상상력을 키운 것 같아요. 최근작인 〈레디 플레이어 원〉이라는 영화를 보고 '이런 영화도 만드는구나.' 또 놀랐어요. 사실 이 영화가 나온 시기에는 메타버스라는 용어가 생소했어요. 그런데 지금은 학계와 강의에 메타버스에 대한 이야기가 나올 때마다 언급되는 영화가 〈레디 플레이어 원〉이에요. 메타버스가 이해가 안 되면 이 영화를 보라고 할 정도죠. 이 사람이 갖고 있는 오프라인의 아날로그 감성과 상상력이 디지털 세계와 만나서 이런 미래를 예견했다는 게 너무 놀라워요. 영화가 나오고 불과 1년 뒤에 바로 메타버스가 급부상했거든요. 70대 중반이 넘는 나이인데도 이런 영화를 만드는 모습을 보면서 저도 이 사람처럼 창의적으로 일을 하고 싶다는 생각이 들어요.

편 스티븐 스필버그 감독의 상상력이 이토록 특별한 이유는 뭘까요? 이 사람은 어떻게 이런 상상력을 갖게 되었을까요? 스필버그 감독의 팬으로서 어떻게 생각하세요?

안 제가 메타버스는 세계관이 중요하다고 말씀드렸잖아요. 이분의 영화를 보고 있으면, '이런 세계가 있을 수도 있겠다.', '이런 탐험이 있을 수도 있겠다.'라는 생각이 들어요. 스필버그 감독은 항상 머릿속에 어떤 세계를 탐구하는 것 같아요. 그것을 스토리텔링하고 캐릭터를 부여할 수 있는 능력이 있는 거고요. 자신은 세상을 다르게 보지만, 그걸 콘텐츠로 만들 때에는 다른 사람들을 공감시키는 능력도 있는 것 같아요.

학창 시절에 어떤 공부를 하셨나요?

편 대표님은 학창 시절에 어떤 공부를 하셨나요?

안 저는 대학에서 전자·전기공학을 전공했어요. 대학원에서는 융합경영, 기술경영을 전공했고요. 또 인공지능 범죄 수사에 대한 논문을 썼어요. 전공이나 경력을 보면 미디어와 연관성은 거의 없죠. IT 개발자 출신인데 어떻게 메타버스를 하냐고 생각하실 수도 있을 것 같아요. 아마 제가 개발자의 길만 계속 걸었다면 메타버스와는 전혀 접점이 없을 수도 있었을 거예요. 그런데 데이터 전문 회사를 경영하게 되었고, 그러다 보니 사업적으로 돌파구가 필요했어요. 이건 시장을 읽어야만 가능한 일이에요. 그러기 위해서는 대중과 공감도 해야 되고, 저도 뭔가 설계를 할 줄 알아야 되잖아요. 이런 것들이 콘텐츠를 만들어내는 과정과 유사해요. 제가 광고, 드라마, 영화 같은 콘텐츠 제작 분야에도 관심이 많았거든요. 저의 이런 개인적인 관심이 사업의 솔루션을 찾는 데 도움이 됐어요. 지금 미소정보기술에서 IT 빅데이터 솔루션, 인공지능 솔루션, 메타버스 솔루션을 하고 있는데, 이것도 제가 다 기획을 했거든요. 처음에 개발자에서 경영자가 되었을 때도 개발의 기술을 알고 있는 상태에서 경영을 하니까 좋은 점이 있었고요. 이런 여러 가지 경험들이 축적돼서 지금 메타버스를 하는 데 도움이 되는 거예요.

편 부모님은 어떤 분들이세요?

안 평범한 분들이세요. 가정 형편이 넉넉한 편은 아니었고요. 저희 어머니는 오랫동안 동네에서 미용사 일을 하셨어요. 지금은 일은 그만두셨는데 올해 2월까지도 제 머리를 잘라주셨어요. 그래서 헤어스타일에 대해서는 저의 창의력을 발휘할 기회가 없었죠. 늘 비슷했어요.^^ 어릴 때는 어머니의 직업이 부끄러웠던 적도 있는데 성장하면서 자랑스럽게 생각했어요. 한 가지 일을 40~50년 동안 해 오시는 걸 보면서 어머니의 프로정신을 배웠죠. 어머니가 오랜 시간 동안 미용실만 운영하다 보니 세상 물정에 어두우셨는데, 요즘은 일을 그만 두시고 조금씩 바깥 활동을 하시니까 좋은 것 같아요. 지금은 어머니의 가위도 너무 낡았고, 칠순이 넘어 힘드셔서 제 머리는 다른 미용실을 이용하고 있어요. 저희 아버지는 건설업계에서 엔지니어링을 하셨어요. 제가 초등학교, 중학교 시절에 아버지가 사우디에 다녀오셨고, 고등학교 때부터는 같이 계셨어요. 개인사업자로 배관 설비하는 가게를 운영하셨거든요. 어머니는 동네 분들에게 "잘 모르지만, 인공지능을 한다더라." 이런 정도는 주변에 슬쩍슬쩍 자랑하시는 것 같아요. 처음에 세 명이 회사를 시작했을 때부터 부모님께 사무실 구경을 시켜드렸거든요. 이사할 때마다 오시고요. 회사의 규모가 점점 커지고 직원도 많아져서 뿌듯해하시죠.

이 일을 하면서 제일 힘드셨던 적은 언제인가요?

편 개인적으로 이 일을 하면서 제일 힘드셨던 적은 언제인가요?

안 사업 초기에 자금과 관련된 어려움은 늘 있었던 거라 그런 것 때문에 그만두고 싶다는 생각을 한 적은 없어요. 저희와 비슷한 회사의 대표이사님들과 얘기를 나눠보면 다 비슷해요. 급여나 자금에 대한 어려움은 다 추억이지만, 믿었던 사람에게 배신을 당할 때가 제일 힘들다고 해요. 계속 잘 있을 줄 알았던 직원이 회사를 나가버리는 일도 있고요. 갑자기 나가더니 우리 회사에서 기획해서 진행하던 일을 똑같이 하는 경우도 있었어요. 서로 기분 좋게 일하고 건전하게 가면 좋은데, 그런 경험들이 쌓이면 트라우마가 남아서 직원들이나 사람을 대할 때 어려움이 있죠. 그리고 개발자 대체 인력을 구하기가 힘들어서 크게는 회사의 존폐 위기도 올 수 있어요. 현시점에서 IT 기업이나 메타버스 관련 기업들의 사정은 다 마찬가지일 거예요. 잘 되어도 겁먹고 있고요. 하지만 지금의 미소정보기술은 훌륭한 인적자원과 남다른 참여 정신으로 경쟁력을 확보하고 있고, 좋은 인재들이 많이 모이는 사람 플랫폼으로 자리 잡고 있어요. 이것이 저희 기업의 가장 큰 성공 요인이죠.

각자의 포지션 수행과 협업을 통한 메타버스 제작
(뉴미디어사업본부 일과)

직업병도 있나요?

편 직업병도 있나요?

안 IT 분야에서 일하는 사람들은 앉아서 일하는 시간이 길다 보니 허리와 목 디스크가 많은 것 같아요. 모니터를 계속 보니까 눈도 좀 안 좋고요. IT 분야가 아니라도 컴퓨터를 쓰는 분들은 다들 비슷할 것 같아요. 그런데 요즘은 자기 관리를 잘해서 특별히 다른 직업병이 있는 것 같진 않아요. 재밌는 직업병이라면, 개발자들은 이야기를 들을 때 모든 걸 프로세스로 생각하는 버릇이 있대요. 저 같은 경우는 회식 자리에서 일 얘기하는 걸 좋아하는데, 항상 결론을 내려야 직성이 풀려요. 그다음에 뭘 해야 되는지 정해져야 그 자리를 끝내는 버릇이 있는 것 같아요. 어떤 기획자 한 분은 스트레스 해소를 게임으로 많이 했었는데, 이제는 게임이나 새로운 콘텐츠를 온전히 즐기지 못하겠다고 하더라고요. 게임만 켜면 그 게임을 순수하게 즐기지 못하고 단점을 찾고 개선점을 찾는 행위를 반복하게 된다고 해요. 이런 것들은 어떻게 보면 제작자의 숙명과도 같은 거지만 조금은 슬픈 일이기도 하죠.

편 스트레스를 해소하는 방법이 있나요?

안 저는 혼자 영화 보는 걸 좋아해서 새벽, 밤 가리지 않고 영화를 봐요. 어떤 분들은 이 일이 워낙 앉아서 일하는 시간이 기니까 테니스, 골프, 배드민턴 같은 활동적인 운동도 많이 하더라고요. 그리고 소통을 많이 해야 하는 직업이라 사람들과 식사 자리를 많이 가져요. 저는 처음부터 스트레스 받는 상황을 안 만들려고 하고 분위기를 잘 제어하려고 해요. 낙천적이라 웬만하면 스트레스를 잘 안 받는 성격이기도 하고요. 혹시라도 스트레스를 받을 일이 있으면 오히려 아무것도 안 해요. 뭘 해도 즐겁지가 않으니까요. 그때는 진짜 혼자 영화 보러 간다거나, 그 생각이 안 나도록 여러 노력을 해요. 대신에 좋은 일이 있으면 사람들과 만나서 즐거움을 최대한 누리는 편이에요. 최근에 저희가 메타버스 HR 면접 서비스 사업을 수주했거든요. 너무 좋아서 저녁 먹으면서 다 함께 축하했어요. 좋은 일이 있으면 서로 축하해 주는 분위기를 만들고, 그런 자리도 만들죠. 중간중간 즐거운 시간을 갖다보면 힘든 일은 잘 넘어갈 수 있어요. 그런 조직 문화를 만들려고 노력하고요.

이직할 때 어디로 가나요?

편 이직할 때 이 분야 안에서 움직이나요? 아예 다른 분야로 가는 분들도 있나요?

안 우선 조금 다른 얘기인데, 콘텐츠 업계에서 메타버스와 VR, AR 하는 회사에는 가지 말라는 선입견이 있어요. 저는 이런 선입견이 생겨나는 이유가 메타버스가 주목받고 있기 때문에 전혀 관련 없는 분야에서도 뚜렷한 목표의식이나 비전 없이 메타버스 사업에 뛰어들기 때문이라고 생각해요. 이 책을 빌려서 메타버스업계에 뛰어들고자 하는 분들에게 한 말씀 드리자면, 메타버스는 디자인, 기획, 개발 등 어떠한 콘텐츠 제작 기술이라도 적용시킬 수 있는 가장 진보된 표현 방식이라고 말씀드리고 싶어요. 때문에 업계의 소문만 듣고 메타버스 제작에 뛰어들기를 망설이지 말고, 자신의 주관에 따라서 진로를 설정했으면 좋겠어요. 사실 "메타버스는 뜬구름 잡는 소리다." 같은 말을 들을 때마다 이 시간에도 열심히 비전을 가지고 개발하는 저희 직원들에게 미안해지더라고요. 그래서 이 글을 통해서 조금이나마 인식이 개선되었으면 하는 바람이 있어요.

또 이직에 대해서 말씀해 주셨는데, 메타버스가 다양한 분야의 협업으로 이루어지잖아요. 그래서 메타버스전문가가 갈 수 있는 곳은 많은 것 같아요. 코딩을 하던 사람들은 꼭 메타버스가 아니더라도 일반 업무 프로그램 코딩도 할 수 있어요. 개발자들도 마찬가지고요. 콘텐츠를 다루던 사람들은 게임이나 광고, 홍보, 마케팅, 전시, 디지털 사이니지 쪽으로 옮겨가기도 해요. 그쪽에서 메타버스로 오기도 하고요. 메타버스에서 어디로 이직하기보다는, 메타버스 자체가 다양한 분야의 협업이기 때문에 여러 분야의 사람들이 다양하게 메타버스에 접근하고 있어요.

가상 세계를 다룬 문학이나 영화 등의 작품이 있나요?

편 청소년들에게 추천해 주고 싶은 가상 세계를 다룬 문학이나 영화 등의 작품이 있나요?

안 많아요. 혁신적인 3D 영상으로 가상의 외계 행성 판도라에서 펼쳐지는 나비족과의 이야기를 담은 영화 〈아바타Avatar, 2009〉를 재미있게 봤어요. 스토리는 단순한데 3D로 만든 가상 세계 구현이 굉장히 뛰어나서 영화사에 한 획을 그은 작품이죠.

그리고 〈13층The Thirteenth Floor, 1999〉이라는 영화도 있어요. 데카르트의 명제 '나는 생각한다. 고로 존재한다.'로 시작해요. 컴퓨터 시뮬레이션 게임의 개발자인 주인공이 가상과 현실을 왔다 갔다 하는데, 후반으로 갈수록 어디가 가상이고 어디가 현실인지 모르죠. 살인 사건도 벌어지고, 나락으로 떨어졌는데 깼더니 또 다른 가상 세계였고, 그곳에서 또다시 다른 현실로 깨어났는데 그 세계가 진짜 현실인지 의문이 들게 하는 내용이에요. 이 영화가 메타버스의 세계관을 설명하는 데 도움이 될 것 같아요.

앞에서도 말씀드린 〈매트릭스The Matrix, 1999〉도 빼놓을 수 없겠죠. ‘이곳이 현실이 아닐 수도 있다.’는 명제에서 출발한 영화인데요, 우리 삶 자체가 현실이 아닐 수 있기 때문에 메타버스를 기획했을 때 사람들이 거기에 적응할 수밖에 없다는 거예요. 영화 속 대사 중에 “네오, 너무나 현실 같은 꿈을 꿔본 적이 있나? 만약 그 꿈에서 깨어나지 못한다면? 그럴 경우 꿈속의 세계와 현실의 세계를 어떻게 구분하겠나?”라는 모피어스의 대사가 인상적이에요.

현실과 가상의 경계를 다룬 영화들

출처: 네이버 영화 공식 홈페이지

이 직업을 묘사한 작품도 있을까요?

편 가상 세계를 묘사한 영화는 말씀해 주셨는데요. 이 직업을 묘사한 작품도 있을까요?

안 어떤 세상이 펼쳐지고, 어떻게 경제 활동이 벌어지고, 이걸 활용하는 사람은 어떤 체험을 할 수 있을까를 잘 묘사한 드라마가 있어요. 이 분야를 잘 알고 썼다는 느낌을 받은 〈알함브라 궁전의 추억〉이에요. 드라마에서는 콘택트렌즈를 끼면 가상 세계와 접속할

출처: Netflix 공식 유튜브

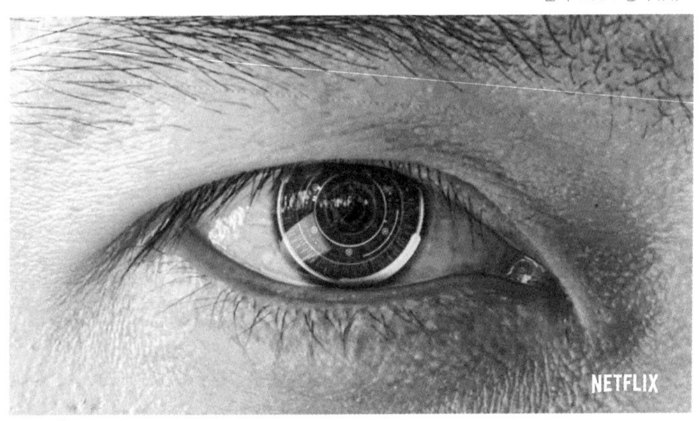

〈알함브라 궁전의 추억〉 속 가상과 현실을 연결하는 렌즈

수 있다는 설정인데요. 미션들이 현실적으로 묘사되어 있어요. 이커머스와 연결되는 부분도 나오는데, 특정 브랜드의 음료를 사면 전투력을 올려주기도 하고요. 스페인의 어떤 공간에 가서 미션을 수행하면 무기를 얻을 수 있고, 또 어떤 특정 공간에 가면 마귀가 나와서 물리쳐야만 다음 미션으로 넘어갈 수 있어요. 저희가 준비하고 있는 보물찾기와 연결되는 부분도 있고 게임적인 요소도 있어서 재미있게 봤어요. 〈레디 플레이어 원〉이 '가상 세계란 이런 것이다. 이런 세계관이 있다.'라는 걸 보여줬다면, 이 드라마는 가장 현실적인 부분을 보여줬다고 생각해요. 〈매트릭스〉는 정말 현실이 가상일 수도 있다는 전율이 느껴지는 영화였고요.

메타버스 전문가가 되는 방법

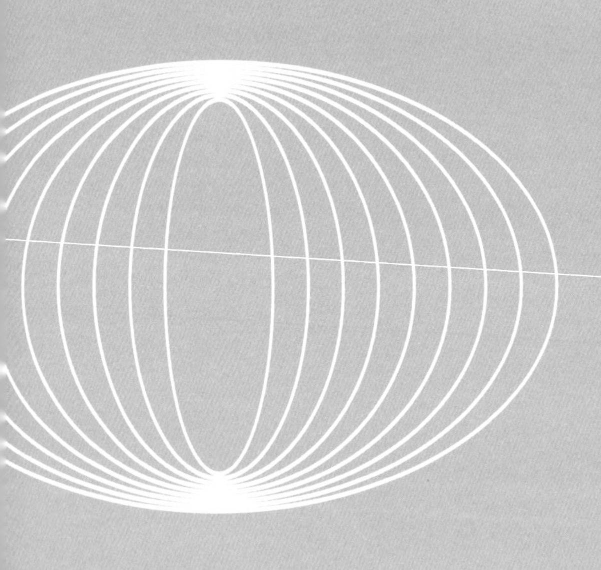

META
VERSE

메타버스전문가가 되는 과정은 어떻게 되나요?

편 메타버스전문가가 되는 과정은 어떻게 되나요?

안 일단 중고등학생 시절에 세상을 관찰하고, 자신이 관찰한 내용을 문장으로 정의해 보는 연습을 하면 좋겠어요. 매뉴얼을 만들어 보는 거죠. 유튜브에서 본 것 같은데, 미국의 어떤 아이와 아빠가 샌드위치를 만들어요. 아빠는 뭐가 빵이고 뭐가 잼인지 아무것도 모르는 상태라 가정하고, 아이가 알려 주는 매뉴얼대로 샌드위치를 만들어보는 거예요. 이게 뭐가 어려울까 싶지만, 처음에는 병뚜껑에 잼을 바르기도 하고 모든 게 제대로 잘 안돼요. 아이도 처음에는 이 모습을 보고 이상하기도 하고 답답하기도 하죠. 그래도 아빠는 아이가 써놓은 매뉴얼대로 따라 하는 거예요. 그러면 아이는 아빠의 실수가 나올 때마다 아빠가 뭘 모르는지, 뭐 때문에 당황하는지 보고 매뉴얼을 계속 바꿔요. 그러다가 결국에는 제대로 된 샌드위치가 만들어져요. 아이가 처음 만든 매뉴얼과 나중에 샌드위치로 탄생한 매뉴얼은 분명히 다르겠죠. 이런 매뉴얼을 쓸 줄 알면 좋겠어요. 제대로 된 매뉴얼을 쓰려면 읽는 사람이 잘 이해할 수 있게 배려해야 해요.

플랫폼도 마찬가지예요. 개발자가 이런 것도 만들 수 있다고 보여주는 게 아니라, 사용하는 사람을 상상하면서 만들어야 되거든요. 개발하거나 구축하는 사람은 어떻게든 결과물을 만들어내요. 하지만 막상 쓰는 사람 입장에서는 불편하거나 재미없거나 오류가 생기거나 실행이 잘 안되는 경우가 있어요. 이런 것들은 매뉴얼을 쓰는 것처럼 사용자에 대해 충분히 배려하고 고민하면 분명히 달라질 수 있다고 생각해요. 그래서 매뉴얼을 쓸 수 있는 사람이 된다면 메타버스 관련해서 기획이든 개발이든 뭐든 할 수 있을 것 같아요. 이런 소양이 있다면 내가 어떤 분야에 관심이 있는지 찾아보고 대학이나 학과를 선택하면 되겠죠. 대학을 다니는 동안 충분히 메타버스 기획자, 디자이너, 게임 개발자, 코더Coder가 되기 위한 다양한 재능과 실력을 키울 수 있어요.

대학에서 IT 분야를 전공하는 게 좋을까요?

편 대학에서 IT 분야를 전공하는 게 좋을까요?

안 제가 보니, 대학에서 전공을 했어도 회사에서 실무를 하려면 다시 가르쳐야 되더라고요. 그래서 대학 교육이 좀 바뀌었으면 좋겠다는 생각을 해요. 청소년기에 메타버스로 진로를 정한다면, 학원이나 유튜브 등을 통해서 기술이나 프로그램을 접해보고 간단한 설계라도 직접 해보길 추천해요. 그런 경험이 있으면 전공과 상관없이 바로 일할 수 있다고 보거든요.

편 직접 설계해 보는 게 제일 중요하네요.

안 대학에서 관련 학과에 다니는 학생들도 마찬가지예요. 같은 관심사가 있는 친구들끼리 모여서 직접 기획도 해보고 설계나 개발을 해보는 게 좋죠. 그러면 사회에 나와서도 상당한 경쟁력이 있고, 바로 성과를 낼 수 있다고 봐요.

편 메타버스와 관련된 학과는 어떤 곳일까요?

안 특성화 고등학교의 경우에는 게임 전문 고등학교가 있고, 마이스터 고등학교에도 관련 과가 있어요. 기획은 누구나 할 수 있지만 인문학적 소양이 필요하기 때문에 대학 전공을 보면 심리학이나, 철학, 사회, 역사학과가 도움이 된다고 생각해요. 개발자가 되기 위한 전공은 당연히 컴퓨터 관련이나 소프트웨어 전공이 좋겠죠. 그 외에는 특별히 어떤 전공을 해야 된다는 건 없는 것 같아요.

인문학이 중요하다고 강조하시는 이유가 뭔가요?

편 많은 저자들이 인문학, 특히 역사가 중요하다는 말씀을 많이 하세요. 그 이유가 뭔가요?

안 세상을 이해하는 힘이 생기니까요. 기승전결을 알 수 있고요. 사건이 벌어지기 전에 일어난 일들, 사건의 이유를 안다는 건 스토리텔링에 분명히 도움이 되죠. 철학이 있는 세계를 제대로 설계할 수 있다고 생각해요. 삼국지 게임을 만들려면 삼국지를 알아야 되잖아요. 삼국지 세계관을 아는 사람이 다른 전략 시뮬레이션 게임도 만들어낼 수 있을 거고요. 인문학은 지식이 아닌 지혜를 배우는 학문이라고 생각해요.

메타버스는 결국 사람과 사람이 소통하는 가상의 세계를 만드는 일이에요. 그래서 사람과 사람이 소통하는 체계를 만드는 일, 세계관을 만드는 일을 잘 해야 해요. 소통과 세계관을 잘 만드는 일은 인문학 속에 있다고 생각하고요. 인문학은 문학, 역사, 예술, 음악, 철학 등의 인간적인 삶과 그에 대한 해석을 배울 수 있어요. 이러한 인간적인 삶을 통해 가상 세계에서의 나, 아바타에게 일어나는 사건과 일어날 일들 그리고 이유를 확실하게 인지할 수 있죠. 이것은

괴리감이 느껴지는 인공지능 로봇 '아메카'

출처: Engineered Arts 공식 홈페이지

스토리텔링의 배경과 힘이 되거든요.

어떻게 보면 '메타버스를 기획하는데 스토리텔링의 배경과 힘이 필요한 걸까?'라고 생각할 수도 있어요. 그렇다면 공학, 기술, 과학에만 초점을 맞춰 연구를 하면 어떻게 될까요? 혹시 '불쾌한 골짜기'라고 들어보셨나요? '불쾌한 골짜기'는 인간이 창조한 로봇, 캐릭터 등 인간이 아닌 존재가 인간과 더 많이 닮을수록 불쾌함을 느끼는 이론이에요. 창조물의 기술적인 완성도가 높아지더라도 스토리가 없다면 거부감이 생기게 되죠. 이렇듯 기술과 인문학은 콘텐츠의 높은 완성도를 가져오는 중요한 사항이에요.

그리고 인문학을 배우는 건 어렵지 않아요. 꼭 서점에서 책을 봐야만 쌓이는 학문이 아니거든요. 인문학은 넓게 보면 세상의 모든 학문이에요. 책을 보는 저자들도 오늘 하루 다양한 인문학을 배웠을 거예요. 음악을 듣거나 취미 활동을 하거나 명상을 하면서요. 이렇듯 쉽게 마주할 수 있는 인문학을 이해하고, 지혜로운 생각으로 세상을 이해하는 힘을 기르셨으면 하는 바람입니다.

각각의 인문학 활동

운영하시는 회사의 직원들은 전공이 다양한가요?

편 대표님이 운영하시는 회사의 직원들은 전공이 다양한가요?

안 되게 다양해요. 대학을 졸업하고 바로 온 경우는 전공자와 비전공자의 실력 차가 크지 않은 것 같아요. 오히려 비전공자들은 학원에서 관련 과정을 이수하고 오는 경우가 많기 때문에 전공자보다 실무 능력이 더 뛰어난 경우가 많아요.

편 보통 학원에서는 어떤 과정을 배우고 오나요?

안 학원을 선택할 때는 명확하게 본인이 무언가를 선택하는 거잖아요. 게임 엔진을 하겠다면 언리얼이나 유니티를 배워서 와요. 코딩을 하겠다면 자바Java나 파이썬Python 같은 프로그램을 배워서 오고, 디자인 쪽도 관련된 프로그램을 배우고 오죠. 학원은 다양한 과정이 있고, 정부에서도 지원을 많이 하더라고요.

편 요즘은 초등학생들도 코딩을 다 배우더라고요. 정책적으로도 많이 미는 것 같아요.

안 저는 어렸을 때 접하는 것도 좋다고 생각해요. 데이터 리터러

시Data Literacy라고 하죠. 리터러시가 문맹 탈출이라는 의미거든요. 초등학생들이 『Why?』 시리즈 책을 많이 보는데, 그 내용을 보면 눈높이에 맞춰서 쉽게 풀었지만 정보는 다 있어요. 메타버스도 지금 이 책을 읽고 코딩을 배우거나 여러 가지 방법을 통해서 쉽게 전달하는 게 중요하다고 생각해요. 물론 학생들이 벌써 코딩이나 개발 문법을 배우는 것에 염려하는 분들도 있어요. 그런데 저는 외국어나 코딩은 같다고 생각해요. 우리가 중고등학교 때 영어 문법을 계속 배웠지만, 지금 말 한마디 내뱉는 것도 어려워하는 어른들이 있잖아요. 그런데 유치원생이나 초등학생들은 문법 없이 일단 듣고 말하기만 하는데도 어른들보다 영어를 잘하죠. 코딩도 당장 초등학생에게 깊이 있는 개발 문법까지 다 가르칠 필요는 없어요. 단지 계속 접하고 익숙해지는 게 필요하다는 거죠. 나중에 관심이 생기고, 진로를 정했을 때 깊이 있게 들어가면 되고요.

편 대표님은 회사 직원들을 어떻게 채용하세요?

안 채용 문제가 어렵죠. 지원자가 없어도 힘들고, 지원을 많이 해도 누구를 뽑을 것인지 어려워요. 그래서 저희가 메타버스 HR 면접 서비스를 만든 거예요. 제가 가장 중요하게 생각하는 건 우리 회사에 와서 즐겁게 일할 수 있는 인성과 소양을 갖췄느냐예요. 기술이나 실력은 일을 해보기 전에는 알기 어려워요. 경력직은 이전 회사 이력을 보는데, 그게 크게 영향이 있진 않고요. 아는 사람이 추천하는 경우가 좀 더 믿을 만한 경우가 많죠. 신입을 뽑을 때 특별한 기준은 없어요. 실력이 좀 있다고 해서 뽑았는데 인성이 안 좋거나 태도가 느슨하면 결과물이 안 나오거든요. 그런데 아예 모르더라도 열정이 있고, 인성이나 태도가 좋으면 가르치는 대로 흡수도 빠르고 그만큼 실력도 빨리 늘어요. 이런 경우가 많기 때문에 채용에 대해서는 많이 열어 놓고 있어요.

```
public bool IsInvoking(string methodName)
public Coroutine StartCoroutine(string methodName)
public Coroutine StartCoroutine(string methodName, [DefaultValue("null")] object value)
public Coroutine StartCoroutine(IEnumerator routine)
public Coroutine StartCoroutine_Auto(IEnumerator routine)
public void StopCoroutine(IEnumerator routine)
public void StopCoroutine(Coroutine routine)
public extern void StopCoroutine(string methodName);

public extern void StopAllCoroutines();

public static void print(object message)
private static extern void ConstructorCheck([Writable] Object self);

private static extern void Internal_CancelInvokeAll([NotNull("NullExceptionObject")] MonoBehaviour self);

private static extern bool Internal_IsInvokingAll([NotNull("NullExceptionObject")] MonoBehaviour self);

private static extern void InvokeDelayed([NotNull("NullExceptionObject")] MonoBehaviour self, string methodName, float time, float repeatRate);

private static extern void CancelInvoke([NotNull("NullExceptionObject")] MonoBehaviour self, string methodName);

private static extern bool IsInvoking([NotNull("NullExceptionObject")] MonoBehaviour self, string methodName);
```

"...if the general public doesn't understand science and technology, then who is making all of the decisions about science and technology that are going to determine what kind of future our children live in, some members of Congress? There are only a handful who have any background in science at all, and some of them don't even want to know about it."

— Carl Sagan

외국어와도 같은 프로그래밍 언어

IT 분야의 구인, 구직 플랫폼이 따로 있나요?

편 IT 분야의 구인, 구직 플랫폼이 따로 있나요?

안 기획, 엔진, 코딩, 디자인 등 워낙 다양해서 잡코리아, 워크넷, 사람인 같은 오픈된 플랫폼을 이용해서 공고를 내요. 그리고 분야별 커뮤니티가 있어서 서로 구인구직 정보를 공유하더라고요. 저희는 필요할 때 빨리 인원을 구하기 위해서 주로 학교에 공고를 내는 편이에요. 데이터 과정, 인공지능 과정이 있는 학교들, 예를 들어 숭실대에 메타버스 과정이 있다면 그 학과에 요청해서 우수한 학생들을 추천받는 거죠.

다양한 구직 플랫폼

청소년 시기에 어떤 공부를 더 많이 하면 도움이 될까요?

편 청소년 시기에 어떤 공부를 더 많이 하면 도움이 될까요?

안 일단 코딩은 기본인 것 같아요. 코딩을 짜다 보면 로직의 절차가 앞에서 말씀드린 매뉴얼 제작 과정과 비슷하거든요. 현실을 그려낼 수 있어야 해요. 예를 들어 영화를 예매하는 프로그램을 짠다면, 어떤 상영관에 어떤 영화가 있는지 정보를 받아서 올리는 게 필요하고, 영화를 선택하고 날짜와 시간을 선택할 건지, 날짜를 먼저 선택하고 영화를 선택할 건지, 결제하려면 어떤 순서로 넘어가야 되는지 전부 생각해야 해요. 이런 과정을 통해 코딩을 짜거든요. 이런 게 습관이 되면 좋겠죠. 그래서 기회가 된다면 다른 과목보다 코딩을 배워보는 게 좋을 것 같아요. 취미처럼 편하게 익혀두면 좋을 것 같고요. 더 빨리 익숙해지고 꿈을 구체화시키겠다면 게임 엔진도 공부해 보세요. 초등학생은 어려울 수도 있지만, 중학생부터는 충분히 할 수 있거든요. 단순한 게임부터 개발해 보는 거예요.

그리고 텍스트가 아니라 블록으로 코딩을 하는 스크래치Scratch라는 엔진이 있어요. 이건 게임 엔진이 아니고 코딩 엔진인데, 코

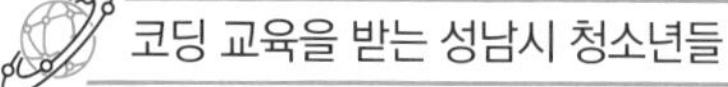
코딩 교육을 받는 성남시 청소년들

넥슨 청소년 코딩 대회 NYPC

딩으로도 게임 개발이 가능해요. 코딩으로 게임을 개발하려면 난이도가 복잡한데, 스크래치는 블록으로 하니까 훨씬 쉬워요. 게임에 특화된 코딩 엔진이라 일반 코딩보다 조금 더 쉬울 거예요. 아들이 초등학생일 때 알려줬는데, 게임을 진짜 만들었어요. 어른은 코딩 문법을 생각해서 만드는데, 아이들은 스토리만 주면 로직을 생각해서 만들더라고요. 직접 개발해 보면 잘할 수 있다는 자신감도 생기고, 실제 개발한 게임이 있으니까 뿌듯하고 좋은 경험이 되죠. 나중에 목표를 세울 때 나름의 커리어도 될 수 있고요. 이런 경험을 하면 무엇을 설계해야 되고, 어떤 걸 개선해야 마지막 결과물이 좋게 나오는지 알게 돼요. 이 절차를 이해하는 것만으로도 아무것도 모른 채 개발하고 있는 엔지니어들보다 훨씬 낫다고 생각해요. 문법만 알고 말 못 하는 사람보다는 말하는 초등학생이 나을 수도 있다는 거죠. 그리고 스토리를 좋아하는 사람들은 꼭 코딩이 아니어도 일기를 쓴다거나, 자신만의 스토리를 만들어보는 것도 좋을 것 같아요. 이 중에 뭐라도 한다면 기획자, 개발자, 코더가 되는 데 도움이 될 거예요.

메타버스와 관련된 자격증은 어떤 게 있을까요?

편 메타버스와 관련된 자격증은 어떤 게 있을까요?

안 저는 메타버스 제작자에게는 창의성과 그것을 구현할 스킬이 중요하다고 생각해요. 게임 관련된 자격증 중에 게임기획전문가나 게임그래픽전문가 같은 것들이 있는데, 실제로 문제를 풀어보면 게임의 구조론적인 부분에서의 접근이 거의 대부분이거든요. 이런 것들은 솔직하게 말씀드려서 실제 업무에 크게 중요하지 않다고 생각해요. 다만 내가 이 분야에서 일하기 위해 '이만큼의 노력은 했다' 정도는 어필할 수 있겠죠. 그럼 남은 요소가 창의성인데, 사실 창의성에 자격 수준을 부여한다는 말은 모순적이라고 생각해요. 오히려 자격증 공부를 할 시간에 영화 한 편, 책 한 권 읽는 게 더 도움이 되고, 실제 게임을 플레이해 보면서 '이 부분은 왜 이렇게 구현되었을까?', '나라면 어떻게 바꿀 수 있을까?' 이런 고민들을 하는 게 더 유익하다고 생각해요. 사람마다 다 다른 창의성을 가지고 있고 그것을 남들에게 표현하는 방식은 풍부한 상상력에서 온다고 생각하거든요. 만약에 창의성에 자격을 부여할 수 있다면 저도 한번 도전해 보고 싶기는 하네요.

〈젤다의 전설 야생의 숨결〉 출처: 닌텐도 스토어

〈하울의 움직이는 성〉 출처: Netflix

대학을 나왔느냐 안 나왔느냐가 중요한가요?

편 대학을 나왔느냐 안 나왔느냐가 중요한가요? 현실적으로 말씀해 주세요.

안 특히 메타버스에서는 중요하지 않은 것 같아요. 저는 대학이 현실적으로 사회에 필요한 인재를 제대로 육성하고 있는지 잘 모르겠어요. '좋은 대학 나왔으니까 공부는 열심히 했을 테고 그러니 성실하겠지?' 정도인 것 같아요. 저한테는 그 외의 다른 판단 기준이 되진 않아요.

편 지금은 메타버스라는 산업이 시작하는 단계여서 학교나 사회가 준비가 덜 되어 있는 게 아닐까요? 시간이 좀 지나고 안정화되면, 대학의 역할이 달라질 수도 있지 않을까요?

안 지금의 대학은 IT 분야의 전공학과를 보더라도 학문적으로 치중되어 있는 것 같아요. 회사에서 필요한 실무를 가르치는 곳은 아니에요. 그래도 요즘은 복수 전공으로 빅데이터전공반 같은 걸 만드는 대학들도 나오더라고요. 대학도 시대의 흐름에 적응하려고 노력하고 있는 거죠. 이 부분은 시간이 필요할 것 같아요. 대부분의 대학이 4년 과정인데요. 직장에서의 4년과 비교해 보면 굉장히 큰 차이가 있거든요. 3년 차, 4년 차라면 업무적으로 성과를 보일 때고, 그 연차에는 이직하면서 연봉을 높여가죠. 회사 입장에서만 하는 말일 수도 있지만, 대학 4년 동안 좀 더 실무에 도움이 되는 교육이 이루어진다면 회사가 초반에 신입사원을 채용해서 육성하는 기간이나 비용이 줄어들고 경쟁력도 생길 거라고 생각해요. 안타까움이 있죠.

편 학생들이 스스로 구체적인 계획을 짜서 공부하면 좋겠네요.

안 맞아요. 그래서 동아리 활동을 했던 경험이 회사에 와서 도움이 된다거나, 혼자 배우면서 익혔던 것들이 훨씬 더 도움이 되는 경우가 많아요.

편 지금은 혼자서 무언가를 익힐 수 있는 다양한 방법들이 많으니까요.

안 학원도 있고 책도 있고 유튜브에도 잘 나와 있어서 혼자라도 의지만 있다면 충분히 해낼 수 있다고 생각해요. 단지 비교 평가가 어렵기 때문에 커뮤니티 등에서 소통하면서 그런 것들만 보완한다면 충분히 자신을 성장시킬 수 있다고 봅니다.

미래의
게임 프로그래머를
위한
신보물섬
사고력이 쑥쑥!
재미가 팡팡!
마인크래프트
게임 제작
무작정 따라하기
탐험, 건축, 게임까지! 코딩으로 나만의 세계를 만들자!
신윤철, 이상민 지음
미래의
게임 프로그래머를
위한
신보물섬
사고력이 쑥쑥!
재미가 팡팡!
로블록스
게임 제작
무작정 따라하기
게임을 하는 아이에서 만드는 아이로!
전 세계 5억 명이 즐기는 메타버스 게임
국내 최초 로블록스 공식 교육자로 선정된
저자와 함께 만들어 보세요!
FEATURED
ROBLOX
EDUCATOR
2021

청소년을 위한 개발 서적

어떤 소양을 갖춘 사람이 잘 맞을까요?

편 메타버스 분야에는 어떤 소양을 갖춘 사람이 들어가면 좋을까요?

안 학부모님들 중에는 아이가 게임을 잘하고 좋아하니까 프로게이머나 개발자가 될 수 있다고 생각하시는데요. 물론 게임을 전혀 모르는 것보다는 호기심이 있는 쪽이 훨씬 좋을 순 있지만, 게임을 좋아하고 잘하는 것과 프로게이머나 게임 개발자가 된다는 건 많이 달라요. 특히 메타버스는 우리가 살아가고 있는 사회를 온라인의 가상 세계로 바꾸는 일이에요. 그래서 뭘 개발하겠다는 것보다 가상의 공간에서 사람들이 어떤 활동을 할 수 있을까에 대해 사고할 수 있어야 해요. 타인의 입장에서 생각하고, 배려하고, 세상을 논리적으로 설명할 수 있고, 이해할 수 있는 능력이 필요해요. 건축과 비교해서 말씀드릴게요. 만약에 방 세 개, 화장실 두 개인 집을 짓는다고 하면, 획일적으로 다른 집과 비슷하게 짓는 사람이 있을 거예요. 또는 경험이 있고 배려할 줄 아는 사람이라면, 가족 구성은 어떻게 되는지, 나이대는 어떤지, 아픈 사람은 없는지, 관심사가 있는지, 주로 어느 시간대에 모이는지 확인해 보고 거기에 맞는 집을

지어주겠죠. 이 둘은 분명히 다르거든요.

메타버스도 마찬가지예요. 똑같은 기술로 플랫폼을 만들 수 있지만, 얼마나 배려된 공간이냐에 따라 가치가 달라진다고 생각해요. 이런 소양을 가진 사람들이 기술을 익히면, 발현됐을 때 만족도도 높고 실력도 더 늘게 돼요. 아픈 사람을 배려하려면 필요한 장치가 뭐가 있는지 더 찾아봐야 되고, 그러면서 본인의 지식이나 세계도 넓어지겠죠. 그런 배려심과 호기심, 공감대가 있는 사람이 메타버스를 개발했으면 좋겠어요. 또한 그런 사람들이 더 유능한 전문가가 될 확률이 높다고 생각해요.

편 새로운 세상이 열리면 그에 따른 반작용도 있겠네요.

안 실제로 메타버스 안에서도 범죄가 일어나고 있기 때문에 단순히 코딩을 잘하고 똑똑한 것보다는 도덕적이고 선한 인성이 무엇보다도 필요해요. 그래야 바람직한 메타버스 세계를 설계할 수 있다고 생각하고요. 가상화가 되어 있고 누구에게나 말을 걸 수 있기 때문에 접근성과 익명성이 범죄에 이용되는 거죠. 채팅은 글자로만 보이지만 메타버스는 직접 만나는 건 아니어도 아바타 같은 캐릭터를 통해서 만나기 때문에 훨씬 현실감이 있어요. 그러니까 범죄에도 현실적으로 노출될 수 있는 거예요. 캐릭터이기 때문에 초등학생인지 어른인지도 알 수 없죠. 그래서 도덕적으로 성숙한 사람들이 설계했으면 좋겠어요.

편 공감과 배려, 호기심은 어떻게 키울 수 있을까요?

안 아이 자신의 노력이 물론 중요하겠지만, 어른들과 함께 하는 활동이나 아이와의 소통이 중요하지 않을까요? 다양한 상황에 놓이는 게 좋죠. 부모님이 설계한 틀에 맞추기보다는 하고 싶은 것들을 마음껏 해볼 수 있게 해주고, 끝까지 격려해 줬으면 좋겠어요. 결과에 상관없이 아이 스스로 시작하고 끝을 볼 수 있도록 체험하게 해주는 거죠. 이 부분은 부모님의 노력도 필요할 것 같아요. 중고등학생들은 다양한 활동과 경험을 많이 했으면 좋겠어요. 동아리든 커뮤니티든 다양한 경험이 중요해요.

편 메타버스전문가와 절대 맞지 않는 성향이 있을까요?

안 인내심이 없는 사람이요. 앞에서 샌드위치 매뉴얼 얘기를 했는데요. 만약에 그 아이가 여러 차례 수정하지 않고 중간에 포기했다면, 아빠는 샌드위치를 만들 수 없었겠죠. 메타버스의 설계나 개발도 매뉴얼을 쓰는 것처럼 시행착오가 많아요. 그걸 개선해 나가면서 극복하는 일의 반복이죠. 때로는 그 과정을 즐기면서 마지막 결과가 나올 때까지 참고 인내해야 가능한 일이에요. 인내심이 없으면 중간에 포기하거나 대충 하게 되고, 그러면 절대 좋은 플랫폼

인내심이 중요한 개발자 출처: Freepik

이 안 나와요. 그리고 모든 사람이 그 안에서 정서를 나누는 플랫폼을 구축하려면, 설계하는 사람의 심성이 중요한 것 같아요. 영향을 미치거든요. 일부러 나쁜 의도를 가지고 만들면 플랫폼이 악용될 수 있는 소지가 굉장히 많아요.

메타버스전문가가 되면

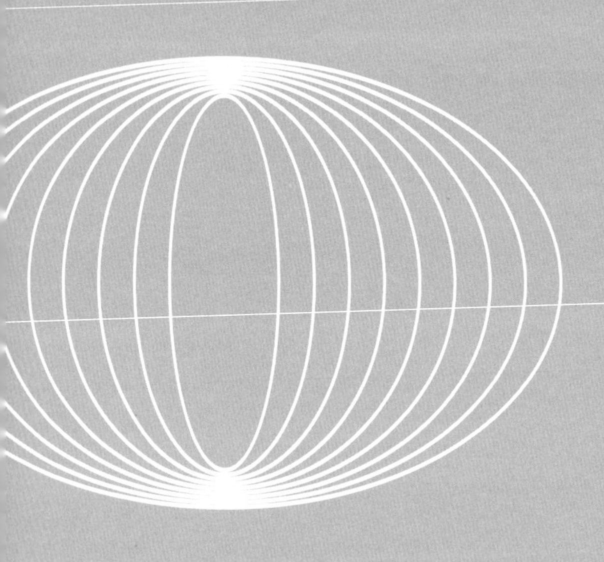

META
VERSE

메타버스전문가가 되면 IT기업에서 근무하는 건가요?

편 메타버스전문가가 되면 IT기업에서 근무하는 건가요?

안 메타버스 이전에는 주로 게임을 개발하는 분야에서 일했어요. 꿈은 NC나 넷마블 같은 굴지의 기업에 가고 싶지만, 그 문이 굉장히 좁습니다. 그러면 몇 명이 모여서 게임을 개발하는 거죠. 100개 출시해서 한 개만 성공해도 대박이라고 해요. 실제 몇 백억을 버는 사례도 있긴 했지만 그것도 소수의 이야기예요. 몇 년씩 개발만 하다가 시간만 허비하는 경우도 많았어요. 그런데 이제는 메타버스 플랫폼으로 확장되면서 길이 다양해지고 넓어졌어요.

메타버스는 거의 모든 분야에 적용될 것이기 때문에 이제는 꼭 IT기업을 찾아갈 필요가 없고, 본인이 흥미를 느끼는 메타버스 플랫폼을 구축하는 기업으로 가면 될 것 같아요. 이제는 메타버스를 할 줄 아는 개발자라면 어느 기업이든 갈 수 있을 거라고 생각해요.

저희 회사가 메타버스를 개발하면서 사람을 많이 구하고 있는데, 게임이나 이런 쪽에서 넘어오는 분들이 '왜 빅데이터 인공지능 회사에서 메타버스를 하지?', '빅데이터 구축할 때 일부 필요한 건가?', '전문성이 약하지 않을까?' 이런 오해들을 하는 것 같다고 하

농협의 메타버스 독도버스 출처: 독도버스 공식 홈페이지

SKT의 메타버스 이프랜드 출처: 이프랜드 공식 홈페이지

더라고요. 저희도 본격적으로 메타버스를 하고 있는데, 아직 홈페이지는 뉴미디어나 메타버스 관련한 내용이 없어서 그런 것 같아요. 저는 우리 회사도 좋다고 생각해요. 거대 플랫폼을 만드는 경우는 많은 사람들이 나눠서 개발하기 때문에 내가 만들었다고 하긴 힘들어요. 그 개발의 일부에 참여했다고 할 수 있죠. 그런데 우리 회사는 실제 쓰이는 서비스 플랫폼을 개발하고 있고, 이건 두세 명이 만들 수 있어요. 그럼 자신이 만들었다고 얘기할 수 있고, 빠른 시간 안에 다른 것도 또 개발할 수 있거든요. 이런 장점이 있죠.

숙련되기까지 시간이 얼마나 걸릴까요?

편 숙련되기까지 시간이 얼마나 걸릴까요? 최대한 실무를 익혀서 들어가는 게 좋을까요?

안 경력직이라면 이미 숙련된 사람이 필요하겠죠. 그런데 보통 회사는 일하면서 세대교체나 멘토, 멘티, 또는 기술의 차이로 R&R Role&Responsibility, 업무 분장이 바뀌기 때문에 꼭 그렇진 않아요. 경력이 있는 사람이라면 해당 분야에서 적어도 3~4년 정도 했던 사람을 말하고요. 신입 같은 경우는 관련된 학원 정도 나오면 충분히 배워가면서 일할 수 있어요. 개인의 노력 여하에 따라서 6개월 정도면 좋은 엔지니어로 성장할 수 있고요. 숙련될 때까지 오래 걸리지 않는 것 같아요. 물론 개인차는 있습니다. 똑같이 엑셀을 공부해도 어떤 사람은 기본 기능만 쓰고, 어떤 사람은 함수를 쓰죠. 똑같이 배워도 이런 차이는 있어요.

연봉은 어떻게 되나요?

편 엔지니어나 기획자들의 연봉은 어떻게 되나요?

안 지금은 많이 높아지고 있죠. 서로 업무 능력이 다르니까 그에 따른 차이는 있어요. 기획을 할 수 있는 사람이라면 작게는 5천만 원에서 많게는 1억 원 이상이 되기도 하고요. 대규모 프로젝트는 10억 원까지 받는 경우도 있다고 들었어요. 개발자도 비슷해요. 서비스 성공 여부에 따라서 인센티브도 달라지고요. 저희도 현재 준비 중인 보물찾기 서비스의 성공 여부에 따라서 인센티브를 준비할 계획입니다.

편 캐릭터 개발이나 디자인 분야는 어떤가요?

안 아무래도 수요와 공급의 문제인데요. 캐릭터 개발이나 디자인 분야는 사람이 많은 편이에요. 그래서 다른 파트보다는 연봉이 좀 내려가죠. 하지만 자기가 만들어내는 것에 대한 만족스러움은 충분히 있습니다. 그리고 사실 기획자는 한 명이고, 개발자는 여러 명이 하잖아요. 그래서 기획자보다는 개발자의 문턱이 더 낮은 편이에요. 제가 만약에 선택할 수 있다면 기획자를 하고 싶어요.

편 대표님 회사에서 근무하는 제작자는 어떤 분들인가요?

안 우선 기획자는 두 명이 있어요. 한 명은 게임 쪽을 전공했는데 교수님이 기획 스타일이라며 추천해 주셨어요. 똑같은 얘기를 쓰더라도 어떻게 풀면 읽는 사람이 좋아하고 재미있어할지 생각하더라고요. 젊은 세대들 중에 게임을 전공했는데 기획이 좋은 사람은 많지 않거든요. 어릴 때부터 부모님이 만홧가게를 하셨대요. 만화를 많이 보면서 다양한 경험을 하고 상상력도 풍부해진 것 같아요. 보물찾기 기획을 같이 했는데, 단순히 보물을 숨기고 찾는 기능에서 끝나는 게 아니라 찾아가는 과정에서 '이런 일이 벌어졌으면 좋겠다.' 이런 걸 스토리텔링 하는 거죠. 그래서 기획이 있고 없고가 다른 거예요. 같은 기능을 구현할 수는 있지만 단순 기능에서 끝나는 것과 과정에 스토리가 들어가서 재미를 주는 건 큰 차이가 있죠. 이분이 면접 때 했던 인상 깊었던 이야기가 있는데, "게임 제작을 전공했는데 우리 회사에 오면 게임을 만드는 것과는 다른 시각으로 접근해야 할 텐데 괜찮겠냐?"라고 물었거든요. 그런데 이분이 자기는 게임을 만들고 싶었던 이유가 가장 앞서있는 표현 기술이었기 때문이라고 해요. 우리는 자신의 생각을 표현할 때 원초적으로 그림과 글로, 또 이게 발전해서 영화나 만화 같은 영상의 형태로, 또 한 번 발전해서 상호작용이 가능한 게임이라는 개념을 만들어냈는데, 자기가 생각했을 때는 게임이 이용자에게 가장 훌륭한 스토리텔링 수단이었다는 거죠. 하지만 이제는 상호작용이 가능한 게임에서 그 가상의 세상 안에 나만의 것이 생기고, 현실을 대체할 수 있는 표현법인 메타버스라는 개념이 대두되고 있으니 자신이 메타버스를 하는 것은 삶의 모토를 저버리는 것이 아니라고 하더라고요. 저희 회사는 이렇게 메타버스라는 개념을 쉽게 받아들이고 자신이 걸어가야 할 지표로 삼은 분들이 많은 것 같아요.

디자이너들도 열린 시각으로 메타버스에 접근하는 다양한 분들이 많아요. 각자 디자인을 시작하게 된 계기도 다르고 전문성을 가지는 분야도 다르지만, 새로운 표현 방식으로 창작물을 표혀하는 것에 거부감이 없고 그 자체를 즐긴다는 통일된 가치관을 가지고 있죠. 영상에 특화된 분, 3D 모델링에 특화된 분, 플랫폼 설계에 관심이 많았던 분 등이 모여 있는데요, 이분들이 디자인이라는 개념을 접하게 된 계기는 천차만별이에요. 2D 이미지를 편집하는 디자인을 전공했지만 어릴 적 봤던 영화나 게임에 나오는 화려한 영상에 대한 꿈을 간직한 채 표현 방식의 영역을 넓히기 위해 자신이 만들어낸 결과물에 대한 유저들의 실시간 피드백에 영감을 얻어서 지금은 3D 디자인을 하는 분도 있고, 마찬가지로 2D 그래픽을 전공했지만 플랫폼을 설계하는 과정과 어떻게 하면 더 쉽고 정확하게 이용자에게 플랫폼을 이해시킬 수 있을까를 고민하다가 현재는 플랫폼 디자인을 메인으로 하는 분도 있어요. 또 미디어 아트에서 십수 년 가까이 일을 하다가 미디어 표현 기술이 점점 다양화되어 가는 것을 느끼고 새로운 미디어 표현 영역으로의 저변을 넓히고자 실감미디어와 빅데이터가 표현하는 메타버스 플랫폼에 관심을 가지고 자신이 일하고 연구해온 영상디자인 영역을 합쳐서 표현하고자 하는 분도 있고요.

IT기업들의 휴가나 복지 제도는 어떤가요?

편 IT기업들의 휴가나 복지 제도는 어떤가요?

안 기존에는 열악했던 것 같아요. 프로젝트가 진행될 때는 휴가를 쓸 수도 없고 늦게까지 일하는 상황이 많았거든요. 그리고 다른 회사와 계약을 해서 진행하다 보면 어쩔 수 없는 상황이 생기기도 하고요. 그런데 이제는 그런 상황이 안 되도록 내부적으로 프로젝트 플랜을 짜고, 직원들이 원하는 시점에 휴가를 낼 수 있게 최대한 배려하는 방향으로 개선하고 있어요. 사회적으로도 시대가 좋아져서 고객들도 이런 상황을 안 만들려고 노력하는 분위기예요. 요즘은 3년 또는 5년에 한번 15일 이상 리프레시 휴가라는 이름으로 장기 휴가를 제공하는 회사들도 많아졌어요. 야근도 이전보다 눈에 띄게 줄었고요. 기업 차원에서도 회사에 오래 남아있는 것이 양질의 결과물을 낳는다는 생각보다는 주어진 시간 안에 효율적인 인적자원을 관리하는 것에 대한 고민을 주도적으로 진행하는 추세이기 때문에 이런 것들만 봐도 앞으로 더 개선될 것 같아요. 그래서 개발자들이 일하기 힘든 조건들은 이제 거의 사라졌다고 봐요. 산업 환경이 많이 바뀌었어요.

정년퇴직을 하면 어떤 일을 하나요?

편 IT에 종사하셨던 분들이 정년퇴직을 하면 어떤 일을 하나요?

안 본인의 의지만 있다면 하던 일을 계속하는 것 같아요. 물론 회사에는 제도적으로 정년이 있죠. 그런데 의지가 있고 체력적으로 문제가 없다면, 실력이 갑자기 줄어드는 게 아니니까 고용 형태만 바뀌고 일은 그대로 하는 것 같아요. 우리 회사에도 정년이 된 분이 있는데 계약직으로 바꾸고 똑같이 일하고 있어요.

편 이 일은 시간이 지날수록 더 숙련되는 일인가요? 새로운 기술이 계속 나오고 발전하고 있으니까 나이가 들수록 따라가기 힘들지 않나요?

안 그렇게 생각할 수도 있겠네요. 저도 개발하다가 지금은 기업을 운영하지만, 조금만 노력하면 새로운 기술이나 트렌드의 변화를 아는데 어려움은 없어요. 요즘은 유튜브나 영상도 많고, 책도 바로바로 잘 나와요. 그 정도만 해도 어떤 일이 벌어지고 있는지 충분히 이해할 수 있어요. 그래서 저도 중년의 나이지만 서비스를 기획할 수 있는 거고요. 전문적으로 했던 분야는 본인이 조금만 노력하면 더 잘 따라갈 수 있다고 생각해요. 오히려 나이가 들수록 경험이 많아지니까 그게 장점이 되고요. 경험이 적으면 그만큼 더 열심히 찾아보고 노력하는 장점이 있어요. 물론 나이 탓을 하면서 노력하지 않는다면 어렵겠죠. 이미 많이 알고 있으니 하던 대로만 한다면 변화도 없고 발전이 없는 한계점이 올 수밖에 없어요. 그건 젊은 사람들도 마찬가지잖아요. 개인적으로는 젊다고 유리하거나 나이가 들었다고 불리한 건 아니라고 생각해요. 나이를 극복한 분들도 있고요. 그런 분들은 나이에 상관없이 계속 일하는 게 맞는다고 봅니다.

이 직업이 앞으로 우리 사회에서 어떤 의미가 있을까요?

편 메타버스를 기획하고 개발하는 이 직업이 앞으로 우리 사회에서 어떤 의미가 있을까요?

안 지금은 전 세계가 우리나라를 주목하고 있는 시점이잖아요. 그동안 생각도 못 했던 일들이 많이 벌어지고 있죠. 대한민국이 콘텐츠의 리더가 됐고, 외국에서 우리말을 배우는 사람들도 많아졌어요. 흔히 '기름 한 방울 안 나는 나라'라고 했지만, 지금의 위상을 보면 사람이 정말 중요한 자원인 것 같아요. 아직 우리나라에 메타버스 관련해서 큰 기업은 없지만, 앞으로 더 크게 성장할 거라고 봐요. 대한민국의 콘텐츠에 세계가 호기심을 갖고 집중하는 시장으로 변했어요. 우리의 메타버스도 궁금해할 거예요. 우리나라 콘텐츠의 힘은 새롭게 창조해 내고 사람 마음을 흡입하는 형태로 다가서는 데에 있거든요. 그래서 제가 싸이월드가 페이스북을 이길 거라고 생각하는 거예요. 싸이월드의 정서를 외국인이 조금이라도 경험한다면 도토리를 사서 배경음악을 깔고 꾸밀 거라는 거죠. 페이스북은 좀 딱딱하잖아요.

저는 삼성전자도 누를 수 있다고 생각해요. 이 산업 구조 자체가 석유 같은 자원이 필요한 것도 아니고, 아까 말씀드린 대로 숙련하는데 6개월에서 1년 정도면 되거든요. 진입 장벽이 낮잖아요. 그만큼 기회가 많고요. 엄청난 변화를 가져오겠죠. 세계에서 주목받고 있는 지금 대한민국의 상황이라면 훨씬 더 클 것 같아요. 그렇지 않았다면 내수용 메타버스에서 끝났겠죠. 한국 사람 5천만 명 중에 연령대를 감안해서 유저가 천만 명이라고 가정하면, 그마저도 플랫폼끼리 나눠 가져야 되는 거예요. 그런 상황이면 누가 서비스의 질을 올리고 다양성을 추구하겠어요. 하지만 지금 글로벌을 바라본다는 건 같은 노력임에도 불구하고 시장이 수백 배로 커지는 거죠.

이 책을 마치며

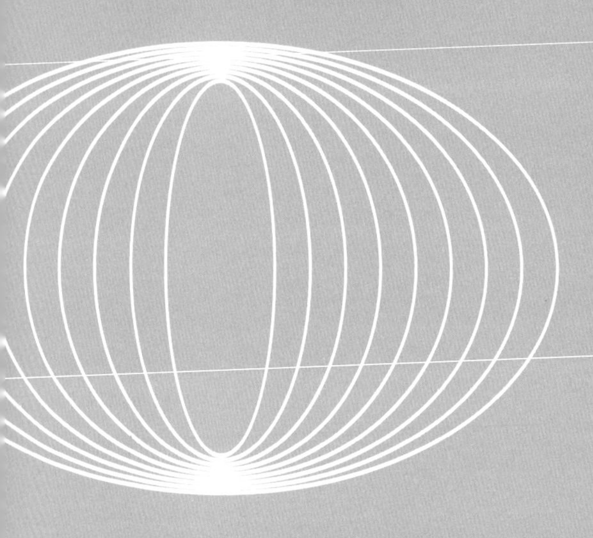

META
VERSE

편 긴 시간 동안 고생 많으셨어요. 메타버스전문가, 안동욱 대표님의 프러포즈를 읽은 청소년들에게 한 말씀 부탁드려요.

안 타이틀처럼 청소년들에게 프러포즈하는 느낌이었어요. 저의 경험이나 지식과 정보가 여러분들의 눈높이에 맞게 고스란히 잘 전달되었기를 바랍니다. 기업을 하면서 다양한 기회가 오지만 그 중 운명적으로 다가오는 기회는 흔치 않죠. 메타버스는 대한민국 청소년들에게 특별한 기회가 될 가능성이 높습니다. 이미 게임 강국이면서 글로벌 콘텐츠를 선도하는 국가가 되었고, 이런 현상은 고스란히 여러분들의 직업 선택과 연결이 되죠. 여러분들이 직업을 선택할 시점이면 대한민국이라는 국가 브랜드를 통해서 메타버스의 강국이 되어 있을 것이고, 국내뿐 아닌 글로벌 기업을 탄생시킬 주인공이 독자들 중에서 나올 것이라 확신합니다.

편 대표님은 세상과 사람을 바라보는 시선이 따뜻한 분 같아요. 메타버스전문가라고 하면 컴퓨터 언어로 된 딱딱한 생각만 할 것 같은데, 누구보다 인간에 대해 깊이 고민하셔서 솔직히 놀랐습니다.

안 저는 '배려'라는 단어를 좋아합니다. 사람들과 공감하는 것에 주저하지 않고 이해하다 보면 나누는 것에 인색해지지 않고 그 행위를 즐기게 되거든요. 그래서 메타버스 같은 서비스를 기획할 수 있는 기회도 생기게 된 것 같아요. 이 책을 통해 여러분의 성공적인 미래에 도움이 되기를 희망하면서 인간적으로 성장하는 메시지도 함께 전달되었으면 해요. 그리고 가장 큰 재산은 내 주변의 사람이라는 것을 잊지 마세요. 배려하는 것을 잊지 않는다면, 인생도 행복하고 사용자가 좋아하는 서비스를 기획할 수 있게 될 것입니다.

편 대표님처럼 좋아하는 일을 직업으로 가진 사람들은 누구보다 열정적이고 미래를 바라보는 시선이 따뜻한 것 같아요. 그 이유는 무엇인가요?

안 저도 한때는 게임이 좋아서 며칠 밤을 새운 적도 있었고, 도서관 대신 만홧가게에서 라면을 먹으면서 일탈을 한 적도 있어요. 다만 그 기간이 길지 않았고 다시 제자리로 돌아왔죠. 하지만 그때 좋아서 했던 기억과 감정은 늘 남아 있고, 지금도 내가 좋아하는 것이 무엇일까 항상 생각해요. 그리고 누구와 함께 할까를 찾고, 그걸 공유하면서 미래 일거리와도 연결하려고 했거든요. 어차피 해야 할 일이라면 즐거워야 한다는 원칙에서 사전 작업을 했던 것 같아요. 그러다 보니 과정이 대체적으로 즐거웠고 성과가 나오는 보람을 느끼고 있어요.

편 이 책은 진로를 고민하는 청소년과 어른이들이 읽을 텐데요, 각자 혼란스러운 지금의 시기를 어떻게 보내길 바라세요?

안 청소년이 읽을 때와 어른들이 읽을 때가 다를 것 같기는 해요. 어른들은 대체적으로 우리 아이가 전망이 좋고 연봉이 높은 직장을 선택하는 길라잡이로 참고하실 텐데요. 청소년들은 이 책을 통해 다양한 개성을 발휘할 수 있는 메타버스라는 플랫폼을 이해하고, 잘할 수 있는 분야를 선택하고 시간을 벌 수 있는 계기가 되기를 바랍니다. 망망대해를 표류하더라도 어디가 육지인지 방향만 제대로 알면 희망적으로 노를 저을 수 있잖아요. 이 책이 여러분들에게 그런 나침반이 되기를 희망합니다.

편 저는 대표님과 이 책을 작업하면서 메타버스의 세상이 생각보다 빠른 속도로 다가오는 걸 실감했고, 제대로 알고 바라보고 훌륭한 메타버스인이 되어야겠다고 생각했어요.^^

안 일단 첫 독자가 이 책의 의도를 이해해 주셨으니 다행입니다. 제가 인터뷰 도중에도 말씀드렸던 것 같은데요. 두서없는 인터뷰 내용을 깔끔하게 정리하시는 편집자님의 능력은 메타버스 시나리오작가나 기획자로 손색이 없으십니다. 혹 이 책을 학부모님이 읽으신다면 꼭 청소년이 아니라 새로운 도전을 하려고 하는 어른들에게도 좋은 기회가 될 수 있다고 생각해요. 다른 분야와는 다르게 청소년과 어른이 대화할 수 있고 공감할 수 있는 재미있는 분야임에는 틀림이 없거든요. 편집자님도 훌륭한 메타버스인이 이미 되신 것 같고, 이젠 그걸 실천으로 옮겨보시죠! 보물찾기 재미난 시나리오 함께 만들어가요.

편 『상상이 현실로 되는 메타버스전문가』 편을 마칩니다. 메타버스가 인간의 상상에서 탄생했다면 결국 가상 세계도 인간이 제일 중요한 주체라고 생각해요. '인간의 마음'이라는 관점에서 출발한 메타버스의 세상이 궁금하고, 또 유익하고 행복한 메타버스 세계를 만드는 데 저도 도움이 되고 싶다는 생각을 하게 되었습니다. 이 책을 읽는 청소년 여러분, 이미 메타버스에서 재미있게 놀고 계시죠? 메타버스에서 느끼고 공감하고 소통한 것들을 메타버스전문가 직업인으로서 풀어내면서 여러분의 생각과 마음, 모든 희망이 가상과 현실 모두에서 이루어지기를 바랄게요. 이 세상의 모든 직업이 여러분을 차별하지 않고 문을 활짝 열 수 있도록 잡프러포즈 시리즈는 부지런히 달려갑니다. 다음 편에서 뵙겠습니다! 감사합니다.

나도
메타버스전문가

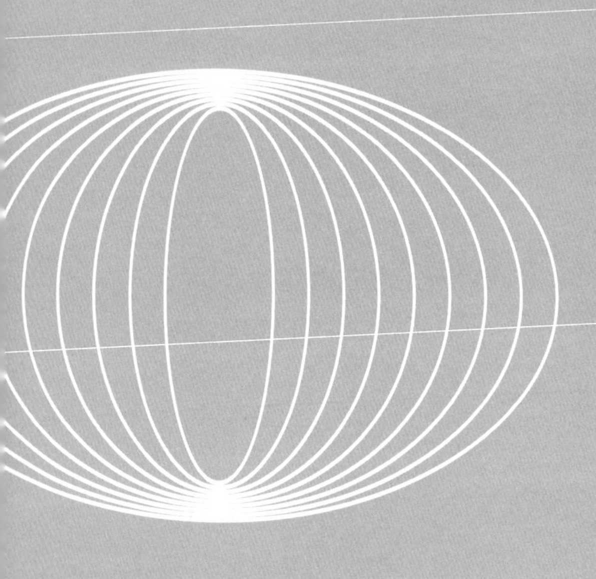

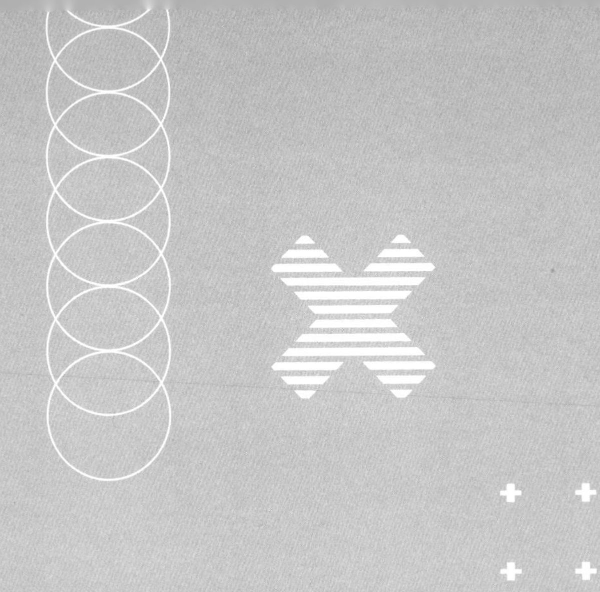

META
VERSE

현실에서 벌어지고 있는 일상 중 하나를 순서대로 다이어그램으로 그려 보거나 매뉴얼을 작성해 보세요. (예: 등교하기, 시험 보기, 점심 먹기, 축구하기 등등)

이 책이 출간된 이후에도 다양한 메타버스 서비스가 출시될 것입니다.
그중에서 한 개의 서비스 내용을 자세하게 정리해 보세요.

저희가 출시하는 보물찾기를 설치해서 부모님을 위해 보물을 숨기고 찾아보세요.

어떤 걸 메타버스 서비스로 만들면 좋을지 상상하고 시나리오를 구성해 보세요.

청소년들의 진로와 직업 탐색을 위한
잡프러포즈 시리즈 52

상상이 현실로 되는
메타버스전문가

2022년 9월 5일 | 초판1쇄
2024년 5월 10일 | 초판2쇄

지은이 | 안동욱
펴낸이 | 유윤선
펴낸곳 | 토크쇼

편집인 | 김수진
교정 교열 | 박지영
표지디자인 | 이희우
본문디자인 | 김연희
마케팅 | 김민영

출판등록 2016년 7월 21일 제2019-000113호
주소 | 서울시 마포구 월드컵북로98, 202호
전화 | 070-4200-0327
팩스 | 070-7966-9327
전자우편 | myys327@gmail.com
ISBN | 979-11-91299-64-9(43190)
정가 | 15,000원

이 책의 저작권은 저자와 출판사에 있습니다.
서면에 의한 저자와 출판사의 허락 없이 책의 전부 또는
일부 내용을 사용할 수 없습니다.